K-POPは
なぜ世界を
熱くするのか

田中絵里菜　Erinam

K-POPはなぜ世界を熱くするのか

はじめに

２０２０年はＫ‐ＰＯＰがグッと広まったと実感した年になった。日本に帰国して久々に友人たちに会うと、みんなＢＴＳの話をしてくる。これまでＫ‐ＰＯＰを聴いてこなかった人たちからも、BLACKPINKのNetflixでのドキュメンタリーやSuperMの「ミュージックステーション」出演について感想を求められた。このまえがきを書いている今もまさに、ＢＴＳがノミネートされたグラミー賞（「ベストポップデュオ／グループパフォーマンス」部門）の発表を待っているところだ。今年彼らはそのステージで単独パフォーマンスをすることも決まっていて、ネットでは部門でのアジア人初受賞になるのではとたいへん盛り上がっている。ほんの数年前までは地味にネットで調べてファン同士で情報交換したりと、サブカル的に楽しんでいたＫ‐ＰＯＰが、いまや日本のテレビや雑誌に当たり前に登場するどころか、こうして世界の大舞台に登場するまでになったのだ。

ＢＴＳがビルボード・ホット１００で１位を獲ったことやグラミー賞にノミネートされたことはとりわけ象徴的な出来事だが、ユーチューブの再生回数が１億回をゆうに超え、ワールドツアーを行なうグループがK‐POPにおいてはもう珍しくないのを見ると、ファンは世界中に存在するのだと実感する。一方で、BTSが〝アジア人〟として歴史的快挙を成し遂げるたびに、「なぜK‐POPはこんなにも世界を熱狂させるのか？」という問いが人々の中でどんどん膨んでいくのを感じた。

圧倒的なパフォーマンスとヒップホップに裏付けられた音楽性が、楽曲に込められた若者の孤独を癒す等身大のメッセージが、グローバルを意識してインターネットを上手く活用した戦略が――と、これまで数多くの〝ヒットのヒント〟が与えられてきたが、往々にしてBTSのこれまでの軌跡を辿るにすぎず、その周囲に広がるK‐POP全体のフィールドで起きている熱いうねりの正体は摑めそうで摑めない、そんなはがゆい感覚を味わっていた。

K‐POPはなぜ世界を熱くするのか――音楽評論家ではない私は、K‐POPのその熱いうねりから音楽性やアーティスト性をいったん切り離してみて、ファンの中心となるZ世代（1997〜2000年以降に生まれた世代）をハマらせる仕掛けのほうに目を向けてみた。K‐POPの「ムーブメント」はなにもいま突如として沸きあがったものではなく、それを底から支えてきた環境があったと考えたのである。それは、現代の消費を担うZ世代との親和性の高い、「誰でも」「いつでも」「お金をかけずに」「ネットさえあれば」ハマることのできる、「バリアフリー」な環境である。

そうやって最初の一歩を軽々と踏み出してファンになれば、今度はネットでの疑似体験を埋め合わせるかのように「体験」を求め、それを「シェア」する。同じ価値観や嗜好を持つコミュニティとつながり、その一員として、自分たちの好きなアイドルを広めるために、ストリーミング再生や投票、ハッシュタグ投稿といった一連のファンダム活動を行なうのだ。自身が「発信者」となるのもK-POPファンの大きな特徴で、彼ら彼女らは自らコンテンツを翻訳し、グッズを制作し、はたまたイベントを開催する。ファンが広報担当にもなって「アイドルを売って」いった先に、K-POPはいまこうして世界の大衆に到達した。

私がK-POPと出会ったのは2009年、デザイナーの友人からWonder Girlsの「Tell me」のMVを教えてもらったときだ。ユーチューブのリンクを開いてみると、「あれ? 思っていた『韓流』と違うかも?」と感じ、急いで新大久保に向かった。そこで目にしたSHINeeのアルバム『Romeo』の洗練されたイメージに衝撃を受けたのが、K-POPのクリエイティブにハマる入口だった。そのアルバムのアートディレクションをしていたミン・ヒジンさんはまだ若い女性でありながらすでにK-POPの第一線で活躍していて、写真を手掛けたLessさんは他にも奇抜な作品を発表していた。

居ても立ってもいられず、Lessさんの写真が掲載されたカルチャー誌『OhBoy!』を韓国から取り寄せて眺めながら、初期衝動そのままに渡韓を決意した。語学勉強に費やす時間さえ惜しかったので、外国人の私をすぐに雇ってくれるところを探し、縁あってその雑誌社『OhBoy!』でデザイナーとして働き始めることになった。韓国語のデザインソフトと格闘しながら働く日々が始まったのだ。しばらくすると日本のメディアから「現地の声を知りたい」という依頼をいただくようになり、取材や執筆の仕事が増えた。K-POPアイドルへの取材も行なったが、企画に自由度のあるときは、デザイナーやMV監督など「K-POPの裏方」と呼ばれるクリエイターたちに直接話を聞きにいった。「世界を魅せる音楽」が、どんな人たちによって、どんなふうに、どんな戦略のもとで作られているのか、自ら解明したかったのだ。

出会う人はみな、私の同世代か、年下の大学生だった。そんな若者たちがメジャーシーンで制作に携わり、世界をリードしている。「若さ」は単に年齢的なことだけではなく、これまで積み上げてきたものを手放す勇気、良いと思ったものはすぐ吸収するハングリー精神、そういった感覚のことでもある。彼ら彼女らの「若さ」はどこからやってくるのだろうか。K-POPの制作現場から放たれる熱いエネルギーにもきっと「うねり」の正体はある。「そもそもK-POPとは何か?」という根本的な疑問への答えがそこに潜んでいないかと期待して、実際にＫ‐ＰＯＰシーンを作り出している現地の作り手たちに聞いた話を織り交えながら、以下に少しずつ紐解いてみたいと思う。

1

「世界を熱くする音楽」が生まれる国

常に「パリパリ」変わり続ける

韓国人は自分たちの性格をよく「パリパリ精神」と表現する。韓国語の「빨리《パルリ》＝早く」という語に由来するが、韓国では「早く早く《パリパリ》」という言葉を本当によく聞く。そうした韓国人のせっかちな性質は、私も暮らしの中で否応なく体感してきた。日韓双方の企業で働いた身からすると、韓国人は特にビジネス面でも結論を出すのが早いと感じる。メールではまどろっこしい挨拶を省いて要件だけでポンポンやり取りするし、そもそもメールではなく電話する機会も多かった。

韓国の雑誌社で働いていたとき、メールの返事がすぐ返ってこない相手に対し日本での感覚そのままに「忙しいのかも……」と思って2〜3日待っていたら、上司に「まだ返事来てないの？　早く電話しろ！」と怒られたこともある。取材するために韓国の芸能事務所に連絡を取るときも、その知り合いから名前と電話番号だけ渡され、「はい！　この人に連絡しな！」と言われて電話することが多かった（韓国では、知り合いの知り合いに対する信頼感がすごく大きい気がする）。まあたしかに口で直接説明したほうが早いけれど、そんな簡単に人をつないでいいのか？と思うときもある。けれど、建前が少なく直接的で、あっけらかんとした姿勢は爽快でもある。

こうした「思い立ったら即実行」を体現する昔からの文化が韓国にはある。出会いの手段としてよく行なわれている「ソゲッティン（소개팅）」だ。日本の合コンのように見知らぬ男女が複数同時に会うのではなく、友達の紹介で相手の連絡先を受け取り、初対面からいきなり1対1で会う。パリパリ精神に加え、お節介焼きな人も韓国には多いので、会社内で「彼氏がいません〜」なんて話をすれば、「ソゲッティンしてあげるから、この人に会いなさい！」とすぐ言われて会うことになる。見知らぬ人といきなり二人っきりは嫌だなと思うのだが、しかし、「会う」にこぎつけるまで何回もまどろっこしいやりとりをする必要がなく、共通の友達への気兼ねも無用で、とりあえず一回会って合わなそうなら連絡しない、というサクッとしたシステムもある意味合理的で、パリパリ精神に通じるものを感じていた。

韓国での暮らしの中のあちこちに、パリパリ精神はある。街中の店の移り変わりが早いのもそうだろう。大理石を基調とした空間に金縁の家具とピンクのパンパスグラスで内装されているようなカフェが一軒成功すれば、たちまちパッケージ化され、街中似たようなカフェでいっぱいになる。映画『パラサイト』の中にも、父のギテクが過去に「台湾カステラ」の事業に失敗したというエピソードが出てくるが、韓国生活のほとんどを学生街の弘大《ホンデ》エリアで過ごしていた自分からすると「ああ、たしかに一時期流行ってたな」と思い出した。それがティラミスのアイスだったときもあれば、長い串に刺さったイチゴ飴だったときもあるし、台湾式サンドイッチに変わることもある。

　とにかく「映《ば》える」ヒット商品が生まれると、一気に模倣店がたくさん生まれて店がどんどん入れ替わる。日本だと再開発を除いて2〜3年というスパンでは街にそれほど大きな変化は見られないが、韓国の都市部では毎年新しいお店ができては消える。店は弘大のような街なら3年持てばいいほうだともいわれている。これには契約期間の短い賃貸物件や行政による再開発の問題もあるが、韓国人の「鍋根性」も関係しているように思う。ラーメンを煮るときに使うアルミ製の鍋のように、熱しやすく冷めやすい人々の気質を指す言葉だ。

韓国の街中でよく見かける「映え」カフェ。SNSでの口コミを狙って、キャンドルと生花が飾ってあり、どこの席に座ってコーヒーを撮っても映えるようになっている。

　流行の移り変わりが異常に早いことはK-POPにも共通している。この10年でK-POPの音楽トレンドも、特徴あるフレーズを何度も繰り返すフックソングからサビがわかりにくいEDMへと変化し、K-POPファッションのスタイリングも、蛍光カラーで彩ったゴテゴテなストリートミックスから近未来的テックウェアへと大きく変わってきた。デビュー当時のMVを見ても同じグループだとわからないほど、曲調やビジュアルがガラッと変わっていることはよくある。

韓国のクリエイティブ業界とパリパリ精神との関係について、音楽プロダクション・MONOTREEのファン・ヒョンさん[※1]はこう説明してくれた。

「朝鮮戦争後、経済的に急成長を遂げた韓国では、人々も新しい物事を受け入れることに抵抗がないですし、何事も素早く理解して消化するパリパリ文化があるのはたしかです。たとえばヒップホップが韓国化するのも早かったですし、ダンスミュージックもうまく踊れるよう皆すぐに習得しました。韓国は国内市場が小さく競争が激しい社会なので、すぐに目の前のことを消化しなければ追いつけません。国内の小さなマーケットの中で生き延びるために皆がものすごく努力した結果、クオリティの上限が上がったんだと思います。私の父の世代は『パリパリ』さえしていれば食べていけましたが、私たちの世代（1980年代生まれ）では『パリパリ』は当たり前で、そこにさらに完成度が加わってこそ食べていけます」

※1　ファン・ヒョン　MONOTREE所属の音楽プロデューサー。複雑なコード進行と丁寧なメロディーラインが特徴でK-POPファンのあいだで定評あり。制作風景はMONOTREEチャンネルから見ることができる。

経済発展を迫られるなかで必然的に生まれた韓国特有の焦燥感については、本書のためにインタビューした作り手たちの多くがさまざまに口にした。ボーカルトレーナーのキム・ソンウンさん[※2]も同様だ。「韓国には変化に瞬時に対応できる順応力がありますが、常に変わり続けていくことには一長一短があります。韓国は市場が小さいというリスクから、常に大きな市場に目を向けるしかなかった。状況がどんどん変わっていくという変化に自ら慣れるしかなかったのだともいえます」。韓国の音楽業界が戦略的に海外を狙ったというよりは、最初から国内市場の限界を感じるしかなかったのだ。

急激な経済成長による社会の変化への慣れ、また音楽市場においても国内の大手芸能事務所が常に新しい方法を模索し、それが成功すれば皆すぐにそれに倣って習得しようとする姿勢は、常に「パリパリ」変わり続ける現在のK‐POPを生み出したように感じる。

K‐POPの楽曲制作のスケジュールからも「パリパリ」は見て取れる。ファン・ヒョンさんが話してくれたのは驚きの進行速度だ。「木曜日にクライアントへ曲を送って、2日後の土曜日に返事が来て、日曜日に録音。月曜にミックス、火曜にマスタリングをして工場に送って、その次の週にはもうアルバムが出ることもあります。そのくらいの想像を絶するスピードで制作を重ねて瞬発力を鍛えた結果、パリパリ文化にくたびれる部分はあるけれど、求められているニーズには素早く合わせられるようになりました」

StudioGDSTのアートディレクターのGDST[※3]さんも、消費サイクルがどんどん早くなっていくK-POPのクリエイティブについて話していた。「K-POPではトレンド感が重要視されているので、流行ったりかっこいいと評価されたりするものは、作り手も常に意識します。消費サイクルを学ぶのが早いんですよね。時間とお金を惜しみなく使ってクリエイティブを追求してやまないK-POPの特徴は、目の肥えた消費者であるファンたちを作り手が強く意識することによって加速していった結果だと思います」。国内市場を勝ち抜くために「速さと早さ」が求められていたからこそ、企業は新しいものを積極的に取り入れるようになった。たとえば、K-POPのプロモーションにユーチューブや、インスタグラムなどの新しいSNSが素早く取り入れられていったことも、こうした背景が影響しているように感じる。

アイドル自身からも「変化すること」への意識は垣間見える。新曲発表時のインタ

※2　キム・ソンウン　JYP、CUBEなどの大手芸能事務所でボーカルトレーナーを務める。TWICEを生んだ「SIXTEEN」、「PRODUCE 101」などのオーディション番組でメンターとして指導する。

※3　GDST　2003年、韓国三大芸能事務所であるYGエンターテインメントに入社。6年間デザイナーとして勤め、SE7EN、BIGBANG、2NE1のCDデザイン、ライブポスター、グッズなど数々のアートワークを手がける。現在はデザイン会社StudioGDSTを設立し、ファサ、チョンハ、EXIDをはじめとするアーティストのファッション広告や映像など幅広く制作している。

ビューなどでK-POPアイドルはよく「新しい姿をお見せできるように努力します」という言葉を口にする。こういうとき日本では普通「新しい姿」といったりしないように思うが（日本なら「〇〇〇（グループ名）らしさを出します」というだろう）、K-POP界では定型表現になっている。これは新曲を発表するたびに前回とは異なるコンセプトで「カムバック」（K-POPでは新曲発表することを舞台に「帰ってくる」という。↓63ページ）するK-POP独特のシステムにつながっていて、韓国では「常に変化すること」がファンの心を満たす大きな価値のひとつなのだ。そこには、変化し続けてこそ愛される、という方程式がある。

国が整えたK-POPのインフラ

K-POPがニュースで話題になるたびに、インターネットなどで「K-POPは国策だから」といったコメントをよく見かける。どんなに話題になったとしてもそれは真の人気ではない、国が大金を出して得られた成果だ、というニュアンスがそこに込められているように感じるが、韓国政府が文化政策としてK-POPを支援しているのは事実であって、国が伝統文化だけではなく新興文化をも支援することは肯定的に捉えるべきだと私は思っている。

大衆に人気のポップス（ポピュラー音楽）というのは世界のどの国にも存在する。そこから特定のアーティストや楽曲が国を超えて世界的な流行になることもある。しかし、K-POPのように一国の一音楽ジャンルが世界中にここまで広まった要因には、音楽コンテンツが伝播しやすいよう整備された国内の環境があった、と考えることはできないだろうか。

実際、韓国が過去に行なってきた施策によって現在のK-POPの世界的な成功につながる社会構造が確立されたことはおそらく間違いない。具体的には、政府による大胆な文化コンテンツ支援、デジタル先進国になるべく急速に進められた通信環境の整備、コンテンツ発信の足かせにならない運用環境が挙げられる。以下にこれらを見ていこうと思う。

1997年、アジア各国での急激な通貨下落「IMF危機」によって韓国の多くの企業が倒産し、財閥は解体された。朝鮮戦争以来最大といわれた危機に直面した韓国政府は、翌1998年から国内経済を回復させるべく大きく舵を切った。同年に就任した金大中《キムデジュン》大統領は「文化大統領宣言」を発し、21世紀における国家の基幹産業としてコンテンツ産業を明確に位置付け、戦略的発展のための支援を惜しまず大々的に進めた。天然資源に乏しい韓国がコンテンツ産業を重要視したのは、それが「ワンソース・マルチユース」型の生産性の高い産業だからである。ひとつのコンテンツが一度市場においてヒットすれば、映画やゲームにグッズといった二次使用によってメディア間を行き来するごとに新たな付加価値が生まれ、複数回にわたって収益を生み出せる点に注目したのだ。

日本との「日韓パートナーシップ宣言」が交わされたのも同じ1998年であり、韓国独立後ずっと禁止されていた日本の大衆文化が、韓国で正規ルートを通じて楽しめるようになったのもこの年からだ。一般映画館での解禁2作目として1999年に公開された岩井俊二監督の『Love Letter』（日本での公開は1995年）は韓国で140万人を動員するほどの大ヒットとなり、その後何年経っても再上映されている。最近でも韓国で私が日本人だと伝えると、日本語が話せなくても「お元気ですか?」という劇中の有名なセリフで話しかけてくる韓国人がいた。見たことがないといえば驚かれて、私は2016年にようやく韓国の映画館でこの作品を初めて見た（人気作品なので何度も劇場で再上映している。ちなみに岩井俊二監督は別作品で来韓した際にK-POP御用達の動画配信サービスV LIVEにも出演していた）。

1999年になると「文化産業振興基本法」が制定され、2003年までに5000億ウォン（約475億円）[※4]をコンテンツ産業に集中投資することを掲げた「文化産業振興基金」が設立されている。文化産業援助の前例がないなかでいきなり500億円近くもの資金投入というのは、かなり踏みきった行ないだと思う。こうして人材育成、放送事業の配信環境整備に対する財政支援を進め、2003年には日本でも「冬のソナタ」人気による韓流ブームが起きていたことを考えると、この法律の施行後に徐々に韓国のコンテンツが国外でもしっかり芽吹いていったことがわかる。

さらに2007年に韓国財政経済省は文化産業振興基本法の改正に伴い、中小企業のコンテンツ事業が海外進出する際のコンサルティング費用を最大80％まで政府が負担することを決定している。世界でもトップレベルに高い国家予算のうちの約1％を文化体育観光部（日本の文部科学省にあたる）へ充当し続け、国内のコンテンツ育成を支援し続けている韓国政府は、早くから国産コンテンツの海外輸出を経済的にバックアップすることにも乗り出している。2009年に設立された韓国コンテンツ振興院では、国内アーティストの海外ツアー開催時の費用援助や現地プロモーションの支援、オンラインチャンネルの運営や新規市場進出へのサポートを継続的に行なっている。

また、『パラサイト』を独占的に配給しているCJ ENMと韓国コンテンツ振興院が2012年から共催している「KCON」（K-POPコンサートと、ドラマ、映画、コスメ、ファッション、グルメなどの韓国カルチャーブースが融合した韓流フェス）は2020年までに8か国で開

※4　ウォン↕円は本書ではすべて当時のレートで換算。

催され、世界最大級の「Kカルチャーフェス」として韓国の文化コンテンツを広めている。なお、2019年度の文化政策支出も引き続き国家予算の1%を超える3015億円を確保しており、参考までに同年の日本のそれは0・12%（対国家予算比）、金額にすると1167億円であった。[※5]

こうした文化政策にあたって韓国政府は、コンテンツ産業に資金援助するという一連のソフト面の施策だけではなく、コンテンツの発信をインフラとして支えるハード面、つまりIT化政策にも並行して力を入れてきた。

1996年に韓国で初めて制定されたIT関連法「情報化促進基本法」（情報化社会へ向けての基本方針を定めた）を皮切りに、次々と打ち出したIT化政策によって、2000年に49・8%だった国内のインターネット普及率は2005年には92・7%へと飛躍的に伸び、世界各国に先駆けていちばん早く90%を突破していた[※6]（同年日本は57%）。特に1990年代後半からは携帯電話利用者数、世帯PC普及台数、電子商取引普及率も一気に伸びていて、こうした先進的なインターネット環境の整備が、後述するような音楽配信サービスやECサービスの普及度の高さを支えた。韓国は決済時におけるキャッシュレスの比率が96・4%[※7]（2016年）と世界一で、就職活動には電子履歴書を用意すればいいし、印鑑を捺さなくても銀行が発行する「公認認定書」という電子書類を使えばネットバンキングや雇用保険といった申請も可能になるなど、日常生活のいろんな場面でデジタル環境の精度を感じる。

手間暇かけて生み出したコンテンツを一人でも多くの人に、少しでも遠くの人に届けるためにと推進したこれらのＩＴ政策はもちろん、韓国国内のデジタルインフラを強固にしただけではない。その基盤の上にさまざまなオンラインプラットフォームが生まれては成熟し、人々のソーシャルメディア利用率やネットリテラシーも飛躍的に向上したのだ。

コンテンツを無料解禁するフリーミアムモデル

Ｋ-ＰＯＰのグローバルな進出はユーチューブとともに歩んできたといっていいが、ユーチューブを意識して作られた動画がＫ-ＰＯＰ独自の配信プラットフォームのＶLIVEや短尺縦型のTikTokへ、公式サイトやブログに書かれていたお知らせ、掲示板での交流がDaumCafeやWeverseやLysnといった会員登録制のコミュニティサービスへ、そしてさらに各ＳＮＳへ、といったように、現在ではＫ-ＰＯＰをめぐるコンテンツがさ

※５　文化庁「諸外国における文化政策等の比較調査研究事業報告書」２０１９年
※６　経済協力開発機構韓国政府代表部「OECD Factbook ICT普及率」２０１２年１月19日
※７　野村総合研究所「キャッシュレス化推進に向けた国内外の現状認識」２０１８年２月８日

まざまなプラットフォーム上で同時発信され、そのあいだを縦横無尽に行き来している。

プラットフォームの数だけ「マルチユース」の選択肢も可能性も広がる。ワンソース・マルチユースの考え方を敷衍《ふえん》すると、ひとつの楽曲をMV版、パフォーマンス版、プラクティス版(練習風景)、チッケム版(推しだけが写る映像)、リレーダンス版などと多様な形式で発表することもできれば、ショーケース(→83ページ)で行なった公演をライブ化して巡演させ、さらには海外ツアー版へとアップデート、その過程でその都度ツアーコンセプトやグッズをポップアップストアへと再パッケージ化することもできる……といったように、K-POPで頻繁に見かける一連のスキームにぴったりだ(各手法については後の章で詳述していく)。

もちろんコンテンツとその配信インフラだけでなく、発信する著作物を運用するうえでの好条件が韓国に揃っていたことも、K-POPが海外へと躍進する際の大事なポイントだった。たとえば、レコード会社による著作権保護のために日本のMVにはまだ国外から見られないものも多いが、韓国ではそんなことはない――どころか、MV公開と同時に多言語字幕付き世界に配信されるだけでなく、音楽番組に出演した歌手のパフォーマンス映像をテレビ局側がオウンドのユーチューブチャンネルで公開したり、所属が違う歌手の楽曲で踊るカバーダンス動画を音楽事務所がユーチューブにフルで載せたりと、まさに「バリアフリー」な仕方でプロモーションやブランディングが日々行なわれている。権利保護を優先にしてコンテンツの二次使用を厳しくブロックするよりも、ＭＶや楽曲をあえてプロモーション素材とわりきって広く解禁し、後々の多コンテンツ展開が生む二次使用料で結果的に利益を回収するという経営モデルである。いわゆる「フリーミアム」の考え方だといっていい。

フリーミアムモデルはいまやクックパッドやSpotify、ウェブ漫画といった私たちの生活に染み込んだデジタルサービスのほとんどが採用している収益モデルだ。基本サービスは無料で提供することで新規ユーザーが参加する敷居をかぎりなく低くし（またユーザー自身が口コミで広報もしてくれて）、サービスへの愛着が育った頃により便利で高度なサービスを享受できるオプションを適正な価格で提示する。そしてひとたび加入し有料プランのメリットを体験してしまうと、心理的にダウングレードはしにくくなる……というわけだ。このビジネス手法は、ＭＶをはじめとする数多のコンテンツを最初は無料公開し、最終的にはリアルな公演やフィジカルなグッズに帰結させるＫ‐ＰＯＰ業界の随所で見られる。

ただ、著作権に関する法律自体は日本と韓国とで大差なく、基本的に楽曲やＭＶ映像を使用したコンテンツを誰でも無料で自由にネットにアップできるわけではない。公式以外のユーチューブにアップされた派生コンテンツについては、厳密にいえば著作権侵害であるが、実態としては公式側は違反通告はせず、ユーチューブのContent IDという承認システムを利用して広告収益を分配してもらうことで容認したりするなど、広告・宣伝的効果を見越してあえて看過する場合が多い。

また、韓国では音楽業界の成長スピードに法的整備が追いつかず、何か問題が生じるごとに制度や法律が見直される、という業界の慣行もK-POPのこれまでの「バリアフリー」に大いに関係しているだろう。日本のJASRAC（日本音楽著作権協会）使用料の高さやテレビ局のネット配信時の権利処理における八ードルの高さに比べて、韓国の著作権使用に対する柔軟な運用からは収益に対する価値観というものがうかがえ、こうしたことが間接的に韓国コンテンツの発信に拍車をかけたと考えられる。

しかし、2020年のコロナ禍でコンサート公演とグッズ販売による収益が落ち込んだことと引き換えに、新たなオンラインプラットフォームでの音楽消費が加速したことで、長年運用してきた収益スキームを見直そうという機運が音楽業界内で高まってきている。韓国の文化体育観光部は2020年12月、これまで見過ごされてきたインターネットを介するOTT（オーバーザトップ：ユーチューブやApple Musicなどの大容量ストリーミングサービス）での音楽著作権使用料の徴収率を、段階的に1・5%まで引き上げるよう規定した。韓国でのこれまでの料率は、世界で3番目に高い[※8]JASRACの1・5%（OTT放送等使用料）に比べて、その半分以下の0・625%と、GDPに比べても安すぎだったからだ。何百万回と再生されることもある音楽番組の映像についても同様で、テレビで放送した映像をユーチューブにアップすることで得られる広告収入を放送局がずっと独占していた現状について、アーティストの所属事務所にも収益が配分されるように公正取引員会が介入することとなった。

アイドルのプロモーション素材くらいに思われていた無料コンテンツの影響力が、K-POPの躍進とともに想像以上に大きくなったことで、業界の構造も変化しつつある。フリーミアムな動画コンテンツがこれまでK-POPのファンダム拡大に貢献してきたことは間違いないからこそ、今後は関係するステイクホルダーがそれに見合う利益配分を受けるのは当然で、そんな中から今後どんなコンテンツがさらに融通無碍に生まれくるのか、期待したい。

※8 CISAC, "GLOBAL COLLECTIONS REPORT 2019 FOR 2018 DATA"

ファンが自らジャックできる音楽チャート

韓国には、いま流行っている曲が一目でわかるランキングは存在しない。少し語弊があるので言い直すと、韓国では音楽チャートとその影響力が分散されている。CDに加えて楽曲ダウンロード、サブスク再生と音楽を楽しむ方法が多様化してきたとはいえ、音楽チャートといえば「オリコン」ランキングがパッと思い浮かぶ日本とは対照的だ。

韓国で音楽チャートというと、まず「音源チャート」（デジタル）と「音盤チャート」（フィジカル）とに分かれる。日本でイメージされる音楽ランキングは「オリコン」のようなCD（などの音楽ソフト）の売上をもとにした「音盤チャート」で、韓国で一般的に音楽の人気を表す指標とされているのは各種音楽ストリーミングサービスにおけるデジタル音源の再生回数を主とする「音源チャート」である。韓国で「音盤」よりも「音源」が重視されているのは、2003年にはすでにデジタル市場がレコード・CD市場を売上で上回っていて、現在は完全にデジタル音源偏重の「サブスク大国」だからである。

行ったことがある人はわかると思うが、韓国には日本のタワーレコードやHMVのような大型店はおろか、そもそも街中にCDショップというものがあまりない。明洞《ミョンドン》のような観光客が多く集まる街に土産物屋のようにあったり、大型書店の一角にCDコーナーがあったりといった具合だ。いまや誰もが音楽は音楽配信サービスで聞くし、CDを買っているのはサイン会や握手会を狙う「積み」（同じCDを何枚も買うこと）目的のアイドルファンくらいだというのが、韓国のずいぶん前からの一般的常識である。韓国に比べれば、いや、世界的に見ても、日本はまだまだ「CDを購入する」という行為が生き残っている国だろう。

前述のように、２００３年のデジタル（ダウンロード＋ストリーミング）市場の売上は１８５０億ウォン（約１８９億円）、CD・レコード市場が１８３３億ウォン（約１８７億円）と、今から17年前の時点ですでに韓国では世界に先行してデジタルがアナログを上回っている。[※9] アメリカレコード協会（RIAA）の年度別レポートによると、世界最大の音楽市場であるアメリカでデジタルの売上がアナログを抜いたのは２０１１年で、２０１９年にはストリーミングだけで市場全体の８割になった。ちなみに２０１９年現在世界の音楽市場全体の６割弱がデジタルからの収益だという。[※10] 一方、同年日本は世界第2位の音楽市場規模にもかかわらず、デジタルの売上は23%にとどまっている。[※11] 逆に近年韓国では、

※9　韓国コンテンツ振興院「２００５音楽産業白書の概要」
※10　IFPI, "Global Music Report the Industry in 2019," 2020.5.4
※11　日本レコード協会「日本のレコード産業２０２０」

世界的なK‐POPブームが後押しして、時代に逆行してCD売上が伸びているというのだから面白い。音楽市場の成長比率を見ても、2019年は前年比で韓国は8・2％成長し、日本は0・9％縮小している。※10

韓国で音源配信サービスがこれほどまでに主流になった理由のひとつとして、2005年頃から韓国最大の携帯電話事業会社SKテレコムがMP3対応型携帯電話とMelonのセット売りをしていたことが考えられる。現在Kakao傘下にあるMelonは「世界初の商用音楽サービス」として、SKテレコムの回線を使うスマートフォンに標準搭載されていたのだ。Melonと連携したお得なプラン戦略によって、SKテレコムの携帯ユーザーは自然とMelonを使用するようになった。ちなみに、現在世界最大のシェアを誇っているSpotifyよりも2年も早い2004年にMelonはサービスを開始している。

サブスク文化が主流だとはいえ、もちろん韓国にもオリコンのようにCDの売上枚数を集計したHANTEO、gaonといったCDチャート（つまり音盤チャート）は存在している。双方はCD売上の集計方法が違うので同じランキングにはならない。1998年に出来たHANTEOチャートのほうが古く、もともとはCDショップのPOS（販売時点情報管理）システムを開発する会社だったため、加盟店のPOS機で収集されたアルバムの実売数を発表している。しかし集計できるのは国内と一部の海外加盟店のみで、大型スーパーやデパートなどの非加盟店分は集計されず、CD売上を100%反映しているとはいいがたい。一方でgaonチャートの場合は、CD制作会社の出荷量から返品量を差し引く方式によって全体の売上を発表している。HANTEOチャートは（全数ではないが）当日と前日の売上をタイムリーに確認できるので売上の初動を把握するのに使われ、gaonとHANTEOの差分からは海外人気を推し量ることができる。また、HANTEOは有料会員制だが、韓国音楽コンテンツ産業協会が運営するgaonは無料で確認することができる。

もう一方の音源チャートはといえば、韓国にはMelon、genie、soribada、FLO、VIBE、Bugsといった複数のプラットフォームが乱立している。その中でも35・8%のシェアを誇るのがMelonで、Kakaoアカウント（韓国の国民的メッセンジャーアプリ）との連携効果もあって、調査会社のニールセン・コリアンクリックによると2020年3月時点で月間利用者数が約624万人にのぼるという。シェア2位のgenieが約420万人、3位のFLOが約293万人だということを踏まえると、サービスを複数使用している人はいれど、人口に対しても韓国における音楽配信サービスの加入者数は圧倒的である。

日本で音楽配信サービスといえばSpotifyやApple Musicが主流だが、韓国では他国に先んじて安価な国産配信サービスが普及したため、外国製プラットフォームのシェアが伸びず自国ブランドが市場をほぼ独占しているのが特徴だ。日本では現在シェア3位の

Apple Musicでさえ、2016年に韓国に参入した際のシェアは全体の1%にも満たなかった。

IT技術の発展著しい韓国のプラットフォームビジネスにおいて、他国企業がつけ入る隙がないという事態は音楽業界に限らずどの業種にも共通する。コロナ禍の日本で一気に利用が増えたUber Eatsも韓国では2019年に撤退済だ。2017年のUber Eats参入よりも前に、配達の民族、YOGIYOといった国内企業によるデリバリーサービスが一般化していて、近所のいろんなお店から気軽に出前を頼むのはコロナ以前から日常の風景になっていた。タクシー配車サービスもUberではなくてKakaoタクシー、オンラインショッピングもAmazonではなくGmarket、coupang、11stと、国内企業が市場を占めている。

日本でもここ1~2年で電子決済が急速に浸透してきたが、韓国には決済サービスの選択肢が日本のようにたくさんあるわけではなく、韓国では美容院予約から通販まで、そもそもあらゆるサービスがいずれも国産のKakaoアカウントかNAVERアカウントに連結され、ワンタッチで銀行引き落としされるシステムになっている。韓国に住んでいたときは本当に現金を使わない生活だった。この人口5000万人ほどの小さな国ではどんな市場であっても外国企業が参入する隙をいっさい与えない。

チャートからは本当の流行はわからない

音楽の人気を指し示すものさしが「音盤」と「音源」にはっきり分かれていて、さらにそれぞれ複数のチャートがある韓国なので、「CDがよく売れる」アーティストと「よく再生される」アーティストは必ずしもイコールではなく、本当にみんなに愛されている流行曲をチャートから読み取るのは難しい。

韓国の音盤チャートの上位によくランクインするのは男性アイドルグループだ。分厚い層のファンたちがサイン会や特典封入物を目当てに大量にCDを「積む」からである。実際、2020年のgaonアルバム年間チャート（音盤チャート）TOP10は、5位に女性グループのBLACKPINK[※12]がランクインしているものの、ほかはすべてボーイズグループである。日本では握手会や初回限定盤、ジャケ違い獲得のため同じアーティストのCDを大量買いするファンの行動がチャートを押し上げ一部社会問題にもなっていたが、同様の現象は韓国の音源チャートでも起きている。自分の好きなアイドルが新曲を出せばファンが一丸と

※12　BLACKPINK（ブラックピンク）　YGエンターテインメントの大型新人としてデビューした、SINXITYさんもデビュー前から最高傑作だと豪語していた女性4人組。ユーチューブのチャンネル登録者数（5870万人）は現在世界第2位、MV再生は7作が6億回、3作が11億回超えの驚異の次世代ガールクラッシュアイコン。

なって楽曲を連続再生しチャートインを狙うのだ。

このストリーミング活動は略して「スミン」と呼ばれるが、ファンは「総攻チーム（총공팀）」と呼ばれるアカウントをツイッターなどで立ち上げ、スミンを大々的に呼びかける。ひとたび新曲が発売されると、携帯、ＰＣ、タブレットといった異なるデバイスにそれぞれ別のＩＤでログインして待機、総攻チームに指定された楽曲を皆がぴったり同時刻に再生する。指定された楽曲をプレイリストに入れ、大量のアカウントから同時多発的に再生することで、各音源チャートの「リアルタイムＴＯＰ １００」に反映させるのだ。韓国で最大のシェアを誇るMelonにチャートインすればそれだけで一般リスナーの目にも留まるので、アイドルにとってもファンにとっても、とても重要なことなのである。

音源チャートの上位にランクインすれば、音楽番組での出演機会にもつながる。韓国の代表的な音楽番組（SBS「THE SHOW」、Mnet「M COUNTDOWN」、MBC「SHOW CHAMPION」、MBC「Show! Music Core」、SBS「人気歌謡」、KBS「Music Bank」と火曜から日曜まで日替わり）は番組自体がそれぞれ独立した音楽チャートの機能を持っていて、各種音源・音盤チャート、ユーチューブ再生回数、番組のアプリやＳＭＳからの事前／生放送時の投票などを総合してスコアを出し、番組内でその週の第１位を発表している。なかでも「M COUNTDOWN」はMelon、genie、FLOの３種音源チャートの週間順位の合算がスコアの45％を占め、「Show! Music Core」は9種音源チャートをもとにgaonの音盤チャートを加味したものが番組スコアの60％に達する。つまり、どの番組のスコアも音源チャートの占める割合がいちばん高く、その音源チャートの上位に入れば自然と番組出演にもつながるというわけだ。

ファンは好きなアイドルグループが音楽番組に出演できるよう、さらにはそこで週間ランキング1位を獲れるよう、日々せっせとスミンに勤しみ、投票しているわけだ。アイドルが毎週平均5〜6組も「カムバック」するなかで、すぐに音楽番組で1位になれば大きな話題になるし、毎週日替わりの音楽番組で複数の1位を獲れば「◯冠達成！」とニュースにもなる。

要するに、K-POP界においては最終的に音楽番組で1位を獲得することが、世間的に「売れた」ということになる。そのランキングに多大な影響を与えるのが音源チャートであり、そのチャートの上位に押し上げるためにファンはスミンするのだ。カムバック時に各グループが音楽番組1位を「公約」に掲げてファンの「投票」を促す様はまさに選挙そのものだが、番組のクライマックスで暫定トップの2組で2分割された画面の一方で今週の1位の発表を願うように待つ推しを見守るファンの気持ちになれば、競争心と親心に火がつくのも理解できるだろう。惜しくも敗れたとして、「次は笑顔でトロフィーを握らせたい！」の一心で、音源を無限に再生するのである。

各音源チャートの運営会社が毎年年末に開催する授賞式で音楽賞を受賞できるかどうかも、日頃のスミンや投票が関わってくるのだから、これまで述べてきたことも含めて、アーティストの市場価値は音源チャートに大きく依存しているのだ。だからこそファンもスミンの協力者をＳＮＳで募り、協力してくれた人にKakaoトークなどを通じてカフェのコーヒーチケットを自腹で配ったりする。日本では２０１９年に嵐がジャニーズとしては初めてサブスクを解禁したが、新曲発表と同時に「1曲集中ストリーミング」や「ユーチューブの再生回数の伸ばし方」がファンのツイッターで拡散されていたのを見かけて、「スミンだ！」と思った。

サブスク先進国ならではの課題

同時に、音源チャート競争をこれだけ激化させるシステムの問題点もある。Melonチャートにはかつて1時間単位の順位を表す「リアルタイムチャート」のほかに、トップ3だけ5分単位で推移が更新される「5分チャート」があり、これが、ファンが同じ時間に同じ曲を集中的に再生する理由になっていた（こうした時間単位での集計は日本のオリコンやアメリカのビルボードにはない）。株価のように目に見えて高下するリアルタイムのグラフはファンたちの競争心をさらにかきたてるが、こうしたチャートの組織的な押し上げによって、人々が本当に聞いている音楽が周辺へと追いやられてしまうのも事実だ。そのなかで尖ったインディーズの音楽は埋もれてしまい、韓国は特にメジャーとインディーズとのあいだの落差が激しい。

さらに近年は、ブローカーを通じて不法プログラムで順位を操作する「音源買い占め」疑惑まで提起されている。作成された数万のIDを使って特定の曲が1日に各3600回以上にわたって再生される。このようなマクロシステムを使う企業から、1億ウォン（約960万円）での「音源買い占め」の提案を受けたことがある、と暴露するアーティストが現れて議論を巻き起こした。そういった不健全なチャート操作に歯止めをかけるべく、音楽配信最大手のMelonは2020年7月に1時間単位で集計するリアルタイムチャートの廃止を発表した。

こうしたアイドル中心の音源チャートの隙間で、ポール・キム、赤頬思春期《ポルパルガンサチュンギ》、IU※13など、何度も上位にランクインする「音源強者」は一般層に広く聞かれているといえる。他には、ドラマのOST（オリジナルサウンドトラック。韓国ではアーティストの新曲がタイアップでド

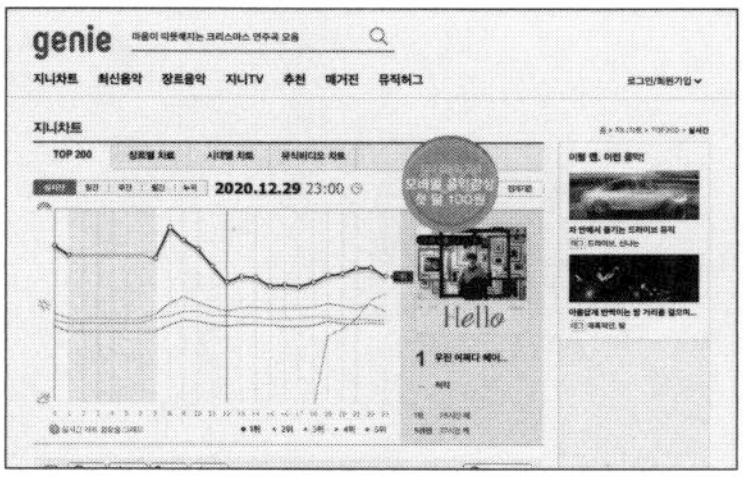

1時間ごとの順位がわかるgenieのリアルタイム音源チャート。2018年以降、音源買い占め防止のため深夜1時〜朝7時の時間帯は 再生回数が反映されないようになっている。［genie公式より（2020年12月29日）］

ラマの主題歌になるというより、そのままドラマのサウンドトラックとしてリリースされる）などの耳に心地良い楽曲も音源では強いが、韓国の音楽チャートは今のところアイドルファンの手によって作り上げられているといっていい。手足を動かせば確実に市場をジャックできるという成功体験が、ファンダムの「積み」や「スミン」といった文化を定着させているのだ。そしていまや、ＣＤをたくさん買ってアイドルのイベントに行きたい！という利己的衝動よりは、みんなで団結して聞いてチャートインさせよう！というファンダムへの強い帰属意識が、ファン一人ひとりを突き動かしているように見える。こうして培われた団結力はさまざまな場面で現在のＫ-ＰＯＰシーンの原動力となっている。

兵役がもたらす刹那的なアイドル

応援しているアイドルの年齢から今後の芸能活動を勘案し、兵役のタイミングを予測する。日本のファンならそんなことはしない（というか想像もしない）だろう。しかし、朝鮮半島の南北に国家が分断され、北朝鮮との戦争（朝鮮戦争）も「休戦」状態が続く韓国では、普通の行ないだ。国防意識を高める意味からも現在も徴兵制が強固に維持されていて、韓国のすべての成人男性には、一定期間軍隊に所属し国防の義務を遂行する「兵役」が課されている。

もちろんアイドルも例外ではない。満18歳から徴兵の対象者となり、特別な理由がないかぎり満28歳になるまでに入隊しなければならない。兵役の期間は、陸軍と海兵隊は18か月、社会服務要員（自宅から区役所や福祉施設に通勤）は21か月、専門研究要員は36か月、など配属先の条件によって服務期間も異なる。

兵役のない国から見れば、青春真っただ中な20代の1年半〜2年ほどを国のために使うというのは気の毒に感じてしまう。どんな仕事をしていても「空白期間」になってしまうし、特に20代が活動のピークになるアーティストやアスリートにとって、この兵役期間はその後のキャリアにも大きな影響を及ぼす。ここ3〜4年のあいだには除隊後にカムバックするグループも少しずつ増えてはきたが、兵役がネックとなって自然消滅したアイドルグループは数知れない。

そもそも兵役以前に契約の問題もある。韓国では以前から問題となっていた悪徳な「奴

※13 IU（アイユ） 2008年のデビューから現在まで数々のヒットを生み出し、圧倒的な歌唱力で不動の地位を確立したソロ歌手。絶大な人気を誇る芸能人を韓国では「国民の○○」と呼ぶが、IUはまさしく「国民の妹」。バラエティ番組「ヒョリの民泊」を見ると、そりゃあ皆この子を好きになっちゃうよ！と感じた。

隷契約」をなくすために、２００９年に公正取引委員会が「大衆文化芸術人の標準専属契約書」に沿った芸能契約をするよう定めた。これに従うと芸能契約は最長７年までに限定されている。そこから「７年のジンクス」と呼ばれているほど、どんなに人気のあるグループでも７年目にメンバー全員揃って事務所と契約延長することは珍しく、そのままメンバーが脱退したり解散したり、もしくは自然消滅したりする。

毎年１００組近くのグループがデビューしているＫ‐ＰＯＰ界において、こうした兵役や契約の壁を乗り越えて８年、10年と長く続いているアイドルグループというのは本当に希少だ。ただでさえ競争の激しい業界で１年以上も活動のブランク期間を作るわけだから、アイドル当人にとっても、事務所にとっても、できるだけ慎重にタイミングを見計らいたい問題だろう。

本来、入隊は20代前半のうちに済ませる、というのが韓国では一般的だ。大学２〜３年くらいで休学して兵役に就くパターンが多く、そのためか25歳前後で大学を卒業する男性が多い。韓国では大卒の新入社員の平均年齢は30歳を超えていて、新卒の求人でも卒業年度に対する縛りがないように感じる。兵役を若いうちに済ませるのは就職後のキャリアへの影響を最小化したいからで、逆に兵役義務を果たしていないと就活に不利に働く。私が勤めていた会社に写真家志望の19歳の男性がやって来たとき、同僚たちは口々に、ちゃんと働き始める前に兵役に行ってきなさい！と勧めていた。

そもそも韓国で就活した際、履歴書に「兵役」の記入項目があったのも驚きだったが（もちろん女性は記入不要）、その後の職場で男性同士、上司が部下に対して「お前もっかい軍隊行ってこい！」と叱咤し、飲み会の席では「軍隊の意地見せてやれ！」と叫んで女性陣がドン引きする……みたいな場面もなつかしく思い出される（韓国の飲み会の席で女性陣が冷める一番の話題は軍隊話だと思う）。少なくとも、兵役を経験した多くの男性にとって厳しい経験を乗り越えたことが誇りになって、それが独特なマッチョイズムとなって韓国社会のさまざまなシーンにも表出していると感じる。もちろんそんなムードに息苦しさを感じている男性も多いわけだが、訓練が厳しいことで有名な海兵隊に志願した『愛の不時着』のヒョンビンや、軍事境界線すぐそばの最前線で軍務を果たした俳優のソン・ジュンギに対して世間がポジティブな評価をしていたことも記憶に新しい。

話が脱線したが、アイドルの場合、10代は練習生（芸能事務所に所属するアイドル候補生）としてデビューに向けて全力で準備し、デビュー直後も知名度を上げていく大事な時期で、人気が定着するまでは兵役なんて論外だ。すると必然的に徴兵対象年齢のギリギリ（つまり満28歳）まで行かない、という選択になる。しかしそうすると、兵役に行く頃にはちょうどデビューから数年経っていて、その人気は飛ぶ鳥を落とす勢いだったりすることも多い。

そんな最中の兵役をきっかけに、ファンが離れたり、グループの休止や解散の危機に見舞われることもあり、アイドルにとっては非常に切実な問題である。

２０１９年には、世界的に活躍するBTS[※14]メンバーの兵役免除を求める動きが起きた。韓国には国民が政府に対して要望や苦情を専用の掲示板に書き込める「国民請願」というシステムがあり、20万人以上の請願には大統領府が正式回答を出さなければならない。そこに多くのファンが投稿したのだった。オリンピック選手やクラシック音楽家など、芸術・スポーツの分野で好成績を残した者に対しては「芸術・体育要員服務」（4週間の基礎軍事訓練だけ受ける）という事実上の兵役免除のようなシステムがあるのだが、成績が明確にわかる国際大会などないアイドルグループに適用するのは難しいとされてきた。そんななか、２０２０年12月に「国内外で韓国のイメージを大きく向上させたと文化体育観光部が認めたアーティスト」の兵役を30歳まで延期できる法律が成立し、BTSメンバーの兵役延期が実質的に決まった。日本でもニュースになるほど異例の出来事だった。

K-POP大手事務所のYGエンターテインメント[※15]は、看板グループだったBIGBANG[※16]の入隊によって空白期が始まった２０１８年の営業利益が前年度より62％も減少した（94億ウォン＝約９億24万円）。メンバー全員の入隊時期を揃えたBIGBANGでもグループが完全体ではない期間が２年９か月もあったのだが、この数字を見ても、人気グループの兵役は事務所にとっても（もちろんファンにとっても）大きな痛手となる。グループの人気や所属事務所の体力によっては、兵役のタイミングで解散してしまうこともあるのだ。

それでも、兵役の空白期間を乗り越えてなおも活動し続けるグループは以前に比べると少しずつ増えてきている。たとえば、SUPER JUNIOR[※17]はメンバー10人全員が軍務を果たすのに約10年もかけ、２０２０年に行なったオンラインコンサート「Beyond the SUPER SHOW」では全世界で12万3千人もの視聴者数を記録するなど、変わらぬ人気を証明している。

※14　BTS（ビーティーエス）　ロンドン・ウェンブリースタジアムをはじめとするワールドツアー、国連総会でのスピーチ、グラミー賞授賞式でのパフォーマンスと、K-POPアイドルとして前代未聞の記録を打ち立て続けている世界的アイコン。

※15　YGエンターテインメント　ソテジワアイドゥルのヤン・ヒョンソクが設立した芸能事務所。創業者のバックグラウンドからヒップホップが得意で、アンダーグラウンド出身のラッパーが多数入社。破格の予算を使ったMVと、予想外で個性的なファッションで数々のトレンドを作り出してきた。

※16　BIGBANG（ビッグバン）　2000年代後半にK-POPの一時代を築き上げた、自己プロデュースアイドルのはしり。奇抜なファッションとヘアメイクでトレンドを次々に生み出し、後続で影響を受けていないボーイズグループはないといっても過言ではない。毎年のMAMAでのパフォーマンスが記憶に深く刻まれている。

※17　SUPER JUNIOR（スーパージュニア）　モーニング娘。のようにグループ内ユニットを作る前提のもとに、2005年当時は珍しかった大所帯でデビュー。芸達者なトークと奇想天外なパフォーマンスによるコンサートの面白さが異常で、笑い疲れて会場を後にする人が絶たないほどのスーパーエンターテインメント集団。

そうやって兵役後にも人気を維持してアイドルを続ける場合でも「常に変化することが大切」だとK‐POPライターのパク・ヒアさん[※18]は指摘する。「アイドルのキャリアが最近延びているのは事実ですが、自分たちの年齢に合ったコンセプト設定が大事です。東方神起のように年齢を重ねるにつれジェントルマンのイメージに変更していくなど、より成熟した姿を見せるべきです。もともとかわいらしいコンセプトで活動していたアイドルが、除隊後に年齢にミスマッチなことを続けると無理が生じますよね。神話[※19]も兵役後にリリースした「This Love」（2013年）で、30代の大人のセクシーさをダンスで表現するなど、年齢に応じて新たな挑戦をし続けた結果、デビューから22年経った現在でもメンバーの誰一人欠かさずにグループ活動をしています」。兵役という大きな障壁を乗り越えた先に成熟した姿を見せていくことで、デビュー当時は同じく若かったアイドルファンたちと一緒に歳をとっていけるような関係が生まれるのかもしれない。

とはいえ現実的には、兵役から戻ってきたアイドルたちの居場所はまだまだ不十分だ。契約問題もあれば事務所の資金状況もあるし、数年単位で音楽シーンの状況はめまぐるしく変わる。兵役という「断絶」をその先に見つめているからこそ、主に20代のアイドルも目の前の一瞬一瞬に全力を注ぎ、激しいパフォーマンスで身を燃やし続けている。ファンの側も「このメンバーで見られるのは最後かもしれない」という想いから、その再現不可能性にプレシャスな感情を抱いて応援する。この「今しかない」という刹那性が韓国アイドル界の中心にあって人々の目を絶えず引きつけているからこそ、BTSの兵役延期が国民共通の願いになり、法律を変えてしまうほどの運動になったのかもしれない。

K-POPに流れるじっとりとした情緒

K-POPを聴き始めた頃、意味はわからずとも、キャッチーなメロディーと反復されるフレーズが、かわいいおまじないみたいに感じた。アイドルというと、清く明るくではないけれど、好きって伝えよう、みたいなポジティブさが前提にあると勝手に思っていたのだ。後に言葉がわかってくると、曲調は明るくてもK-POPには別れの歌が多いと気

※18 パク・ヒア 韓国でも珍しい、K-POPアイドルが専門の韓国大衆文化ジャーナリスト。過去にアイドルやK-POP制作者を取材した書籍を複数出版し、日本でも翻訳されている。

※19 神話／SHINHWA（シンファ） 1998年にデビューし現在も活動中。韓国アイドルで初めてメンバーの個人活動を始め、グループ活動のときだけマネジメントする事務所をメンバーの共同出資で運営している。K-POP界で長くグループ活動を続けるロールモデルとなっている。

づくようになる。日本でも「切ない恋の気持ち」はポップスの大きなテーマのひとつだが、K‐POPの場合は、切なさの中により一層の無念さと、「おまえよりも必ず成功してやる」という陰のエネルギーが込められているように聞こえた。

たとえば2NE1[※20]の「GO AWAY」では、「私の心配なんてしないで Go Away／さっさと消えてあげるから／すがりつくと思ってたでしょ?／ムカつく 勘違いしないで」という、別れた恋人に対する怒りを込めた歌詞の中に「華麗なソロ」という言葉が登場する。同じくYGエンターテインメントに所属するBLACKPINKのメンバー・ジェニの「SOLO」という曲にも「輝かしいソロ」という表現が出てくるが、どちらの曲からも、別れによって自分を新たに獲得した清々しさと、二人でいたときよりも輝かしい存在になることが相手への復讐になるという強い情念を感じる。

じっとりとした怒りをはらんだ歌が別れの歌に限らず韓国の大衆音楽には多く、それはアイドルの歌うK‐POPも例外ではない。その理由を考えていくと、古くから韓国社会に息づいている「恨《ハン》（한）」と呼ばれる感情に辿り着いた。韓国では「恨」という漢字が当てられるが、日本語の「恨む」という意味とは少し違う。恨みや怒りの中にも無常への嘆きが含まれていて、儒教社会での身分上の不遇、男尊女卑がもたらす理不尽、貧しさから余儀なくされる競争など、常に動乱の時代だった韓国で昔から多くの人たちが感じてきた積

年の情緒だといわれている。

韓国の小さな町のお祭りに行った際、日本人にもお馴染みの韓国の代表的な民謡「アリラン」が流れてきて口ずさんでいると、韓国の友人から「これは恨み節の歌だよ」と教えてもらったことがある。もっともよく知られている歌詞に、「アリラン アリラン アラリヨ／アリラン 峠を越えて行く 私を捨てて行かれる方は／十里も行けずに足が痛む」というものがある。何世代にもわたって外部の勢力に対抗してきた民族の誇り、親しい人との別離の悲しみ、嫁入りの日々の哀歓など、「アリラン」にも生きることのつらさや悲哀を反映する恨が歌われている。

恨の情感をもっとも良く表現している詩人として、金素月《キム ソウォル》（1902〜1934年）が挙げられる。今も韓国人に愛されている「つつじの花」という詩では、別れを告げられた女性が彼の行く道に自身の献身的な愛の象徴であるつつじの花弁を撒き、「そっと踏んでお行きなさい」と伝える。別れた相手の今後を祝福する気持ちと、いまだあきらめきれない怨恨が入り混じった、複雑な心情が綴られている。

※20 2NE1（トゥエニィワン） 清楚かセクシーかで二極化していたガールズグループ市場で、ヒップホップをコンセプトにYGエンターテインメントからデビュー。「ガールクラッシュ」の元祖ともいえるパワフルなパフォーマンスと奇抜なファッションで唯一無二の存在に。

恨はもちろん現在進行形で韓国の街中にも流れている。最近見たNetflixの「ストリート・グルメを求めて」(2019年)というドキュメンタリーには、ソウルの広蔵《クァンジャン》市場で店を開き、先行する同業者から嫌がらせを受けていた店主が登場していた。理不尽な仕打ちに何十年も耐えてきた彼女は、「不当な扱いを受けても、怒りの感情を内に秘め、自分の心の奥深くにしまっておく。それが恨」と語る。市井の人々の心の根底に今もじっとりと流れている感情が、韓国の路上にもこうして時おり顔を出す。

(G)I-DLE[※21]はまさに「HANN」というタイトルの曲を発表していて、歌詞の中で別れと裏切り、そしてひとり残された感情を、一人の「一《ハン》」、情恨の「恨《ハン》」、他にもさまざまな意味を持つ同音の語に込めている。「どうして綺麗な私を置いていくの?/一緒に行こうと約束しておいて/行くの 行くの」と嘆くように歌う「Gashina」をはじめ、ソロ歌手のソンミ[※22]の楽曲にも、恨に通じる憂愁や哀憐の情が多く流れている。きれいには別れられない、執念や憂い。直接的な怒りや悲しみだけではない、じっとりとした感情の蓄積。過去の時代の苦しみと現代のそれとはまた種類が違うだろうが、現代社会における生きづらさを音楽を通じて表現するうえで、恨は韓国に特有の表情を与えながら今もアイドルたちに受け継がれている。

静かな絶望への共感が世界中へ伝播していく

ここ数年、『82年生まれ、キム・ジヨン』をはじめ現代女性の生きづらさをテーマにした韓国の書籍が日本でも広く読まれるようになり、貧富の格差が大きなモチーフとなった韓国映画『パラサイト』がアカデミー賞を受賞して世界的に話題になった。経済成長を遂げた現代の韓国においても、引き続く就職難や失業率の高さ、受験戦争と学歴社会、男尊女卑的なジェンダー不平等、財閥企業の世襲による富の集中と貧困など、山積する社会問題を前に人々は閉塞感を感じている。

２０１０年代には恋愛・結婚・出産の３つを放棄した若者が「三放世代」と呼ばれ、韓国社会の生きづらさを率直に表す「ヘル朝鮮」という言葉まで生まれた。そうした若い世代が「地獄のような未来」に対して抱く不安は、彼らが好んで聴く楽曲にも投影されているはずである。韓国の人気バンドHYUKOH[※23]が「Wi Ing Wi Ing」（２０１５年）でヒット

※21　(G)I-DLE（ジーアイドゥル）　デビューするやいなや、アメリカでのゲリラライブなどグローバルなプロモーションが話題に。メンバー自らプロデュースを行ない、メンバー2名はゲームキャラクターによる仮想ガールズグループ「K/DA」にも参加。

※22　ソンミ　Wonder Girlsの元メンバーであり、ソロデビュー曲「Gashina」が大ヒットしたのちも次々ヒットを飛ばし、独自の世界観を持つソロ歌手としての地位を確立。抜群のスタイルでファッションアイコンとしての女性人気も高い。

したときも、「人々でごった返す出勤時間の地下鉄も／カードをタッチして乗ることなんてない／家でゴロゴロやることもなく怠ける／自分の姿がみすぼらしくて本当に申し訳ないね」と、歌詞に登場する無職の若者の厭世観が共感を得ていたのが記憶に残っている。

韓国アイドルの元祖といわれるソテジワアイドゥル[※24]は、「教室イデア」（1994年）で子供たちを苦しめる韓国の教育システムを批判し、BTSもカバーした「Come Back Home」（1995年）では、不良少年の苦悩に理解を示しながらも「家に帰ろう」と促した。厳しい検閲の中でも、彼らは前衛的なファッションをまといながら過激な歌詞を歌い、抑圧的な社会に反発する若者の代弁者として支持された。それから20年後、ソテジワアイドゥルをロールモデルとしたBTSは、学校生活で感じる窮屈さ、将来への不安といった若者の苦悩を一貫して歌っている。

人類が新型コロナウイルスという未曾有の危機に右往左往した2020年にも、じっとりした韓国の「恨」は顕著に表れていた。BTSの後輩グループであるTOMORROW X TOGETHER[※25]（以下TXT）は「We Lost The Summer」という曲の中で、日常が突然奪われた世界を「僕たちは夏を失ったんだ／1日2日1週間　そして1か月1年を／僕一人で歩いている／ヘタクソなこの足踏み」と嘆き、アメリカのポップトリオAvenue Beatの曲「F2020」を韓国語で再解釈した際は、「内心クソみたいな2020／なんだか何をしても一人ぼっちに思えて／時がすべて止まったみたいに／ぼんやりと世界を恨んだよ」と歌い上げた。前代未聞の苦境の中で「前向きに頑張ろう！」と背中を押すことよりも、ともに嘆きを分かち合うような存在になることを選んだのだ。

甘い恋愛をテーマにしたヒットソングが多い日本のキラキラしたアイドル像とは違って、ソテジワアイドゥルからBTS、TXTにいたるまで、韓国のアイドルは社会に対する「恨」を率先して歌ってきた。自分の置かれた状況を憂い、嘆き、それと葛藤する「恨」の情緒は、「アリラン」、トロット、そして現代のK-POPへと脈々と歌い継がれ、そんな音楽が、同じように日々生きづらさを感じている世界中の若者たちに「まるで私の物語みたいだ」と共感を得るのは、自然の流れだろう。

※23 HYUKOH（ヒョゴ） 韓国の音楽といえばK-POPやヒップホップのイメージが強かったなかで、海外からも絶大な人気を集める国民的バンド。オヒョクと友人たちのブランド「DADAism」の「多多」と刺繍されたキャップが人気で、着用する韓国っ子は後を絶たなかった。

※24 ソテジワアイドゥル リーダーのソ・テジを中心とするヒップホップグループ。トロットやバラードが主流だった韓国音楽界に、韓国語ラップをのせたダンスミュージックで大きな影響を与えた伝説的存在。教育、薬物、環境破壊など社会問題について訴える楽曲で若者の心を掴み「10代の大統領」とも呼ばれていた。

※25 TOMORROW X TOGETHER（トゥモロー・バイ・トゥギャザー） 昔の少女漫画に登場しそうな少年5人の青春の切なさをファンタジーなコンセプトで表現。主人公が自分のコンプレックスのメタファーの「ツノ」に戸惑いつつも、「君」との出会いによって「王冠」を受け入れるデビュー曲「CROWN」の歌詞にど肝を抜かれた。

2

誰にでも開かれているＫ－ＰＯＰの入口

「お知らせ」しない公式アカウント：SNS

K-POPのプロモーションとSNSは切っても切れない関係にある。アイドルたちは新曲発表時はもちろん、「カムバック」（↓63ページ）していない準備期間もファンと継続的にコミュニケーションをとっている。また、新規ファン開拓やグループの知名度を上げるための手段としてSNSを積極的に活用し、共感を生み、拡散を促すコンテンツを日々投稿している。こうしたSNSアカウントを芸能人が持つこと自体は日本でもいまや当たり前で特筆すべきではないかもしれないが、K-POPの場合、ファンのニーズにうまく訴求したSNSの活用によって、世界各国のファンが垣根なく情報にアクセスできる環境が整備されている。

もともと韓国では、ツイッターやインスタグラムが現在のようにポピュラーになる前から、NAVERが運営する「me2day」（2007〜2014年）という国産SNSでアーティストがファンと交流していた。短い文章と写真の掲載に加え、閲覧者がコメントを追加することができる、ツイッターとフェイスブックの中間的存在だった。その頃には「ペンカフェ」（「ペン」＝韓国語でファン）と呼ばれる熱心なファンだけのクローズドなコミュニティはオンライン上に存在していたが、me2dayは海外にいてもアカウントを作成でき、いまのSNSと同じようなオープンな場だった。

ただ、かつてのK-POPではまだ芸能事務所が自らオンライン上でSNSを活用したプロモーションを行なうことはなく、その先駆けとして、YGエンターテインメントが2009年に、G-DRAGONや2NE1の新曲トラックの数十秒を「ティザー」としてme2dayにアップし話題となった。ティザーとは、新しい商品やプロジェクトの情報をリリース前から少しずつ公開して注意を惹きつけるプロモーション手法のことで、当時の韓国では発売前に音源が聞けることはまだ一般的ではなかった。そのプロモーションを行なったSINXITY[※1]さんに話を聞くと、「これはエイベックスが2000年代中盤にやっていた、音源発売の1か月前から各メディアでCMをバンバン流す方法に似ているかもしれない。韓国はそれを参考に、CMではなくSNS上でティザーという形で音源を少しだけネタバレさせる手法をとった」と教えてくれた。これを機に、SNSが単にファンとコミュニケーションをとる場としてだけではなく、プロモーションの場としても大きな役割

※1　SINXITY（シンシティ）　2009年にYGエンターテインメントに入社後、クリエイティブ・ブランド戦略最高責任者としてBIGBANG、2NE1、BLACKPINKなどのプロデュースに携わる。2018年にNAVERの出資を受け、クリエイティブプラットフォーム「AXIS」を創設。

を担うようになっていった。現在ではどの事務所もインスタグラムやツイッター、フェイスブックでティザーとして短い動画や画像を発信するのが通例になっている。

多くのK-POPグループは各SNSを、さらにはアカウントまでも目的別に複雑に使い分けている。インスタグラムではティザーや最新アーティスト写真、ツイッターでは公式告知や出演情報などのお知らせ、番組収録やコンサート時の集合写真も載せたりする。反対に、TWICE[※2]やStray Kids[※3]などが所属するJYPエンターテインメント[※4]は多くの事務所とは反対に、ツイッターでは新曲のティザーやプロのカメラマンが撮影したメンバーカットなどの公式写真、インスタグラムではスマートフォンでメンバー自らが撮影したオフショットや自撮りをメインに投稿し、アーティストのオン・オフのイメージを媒体によって切り替えている。

拡散力があるツイッターでは、公式がオリジナルのハッシュタグを投稿に付けるよう呼びかけ、ファンと一緒に盛り上がることを狙った使い方が目立つ。最近では、指定のハッシュタグを付けると一定期間オリジナルの絵文字が表示される「ハッシュフラッグ」というプロモーション手法が、絵文字一個あたり3千万円弱の広告費を投じて行なわれている。これも、絵文字によって投稿を促し、トレンド入りを狙うやり方だ。

巨額の費用を要する大々的なプロモーションだけでなく、アイドル本人が自らゲリラ的にファンからのリプライに返信する「メンションパーティー（メンパ）」をして、お金をかけずともファンのロイヤリティを高めていることもある。SNSを一方的にオフィシャル情報を与える場としてではなく、ファンと相互にやりとりするインタラクティブな場として機能させているのだ。

日本での活動用にツイッターアカウントを開設しているK-POPグループも多く、日本でのコンサートやメディア出演情報のみならず、日本で活動していないときも来日時のこぼれ話やスタッフ目線での楽屋裏話を投稿するなどして、コンスタントに日本公式アカウントの運営を行なっている。SEVENTEEN※5やA.C.Eのように日本版ツイッターで韓国版の投稿を逐一翻訳して掲載しているグループもあれば、多国籍グループのNCT※6の

※2　TWICE（トゥワイス）　日本でも有名になったJ.Y.Parkがオーディション番組を通じて選抜。リア・キムさんが振り付けた「TTダンス」も多くの人が真似し、日本でも大流行。宿舎で飼っている犬までかわいい。

※3　Stray Kids（ストレイキッズ）　作詞・作曲を自ら務めるセルフプロデュースグループ。昨年は「どっちの料理ショー」のようなティザームービーで彼ら特有の世界観を明確に作り上げていった。

※4　JYPエンターテインメント　ブラックミュージックにのめり込みR&B歌手になったJ.Y.Parkが立ち上げ、早くからアメリカ市場の開拓をしていた。大衆的人気を掴むキャッチーなグループや楽曲を生み出すのが得意。

※5　SEVENTEEN（セブンティーン）　学校のクラスのように個性豊かなメンバーが勢揃いした13人グループ。複雑なフォーメーション移動と場面が素早く切り替わるミュージカルのようなパフォーマンスが特徴。スクラップブック仕様や裁縫セットの封入など、ファンにもDIYを促すパッケージでのCDリリースが話題。

ように、ひとつの投稿内容を、語学に堪能なメンバー自らが他言語に翻訳して併記しているグループもある。他のプロモーションにも共通するように、SNSひとつとっても韓国語話者以外への配慮が徹底され、「言語の壁」を取り払うことで海外のファンでも同時に投稿を楽しめるようにしている。インスタグラムよりも文字依存度の高いツイッターでは、公式の投稿内容を各国のファンが即座に引用リツイートやコピーペーストして翻訳しやすいため、海外にまで拡散されやすい。

こうしたSNSは、日本での場合「公式アカウント」らしい仕草として、コンサートやメディア出演があるときのみ更新される印象が強いが、K-POPグループの場合は毎日投稿されていて、更新の間隔が開いたとしても長くて2日である。新曲のリリースがなくTVや雑誌の露出が少ないときでも、ユーチューブやV LIVEで配信するオリジナルコンテンツの告知や、はたまたそのオリジナルコンテンツでやってほしいことの募集、メンバーの誕生日や記念日のお祝いなど、とにかく常にアクティブな状態でファンを飽きさせない試みが発信されている。

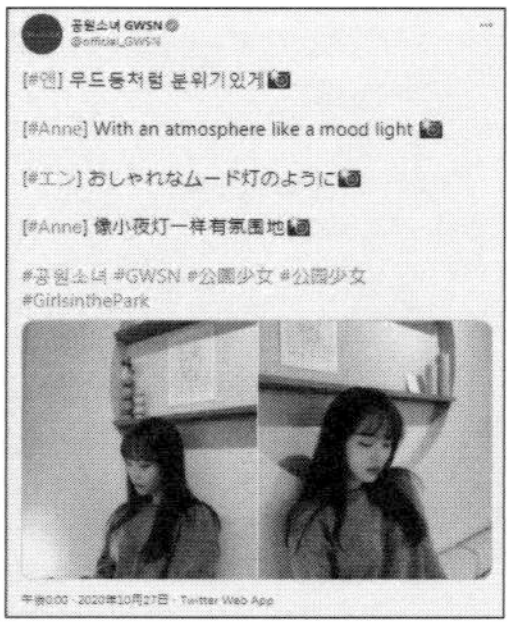

多国籍メンバーで構成される公園少女は、毎回4か国語で投稿していた。[公園少女ツイッター(@official_GWSN)より]

アイドルの「今」を伝えるSNS運用

スピード感を持って絶えず情報を更新していくツイッターに比べて、洗練した「映え」写真を厳選して掲載するインスタグラムは、これまでのアルバムのティザー画像がアーカイブとして溜まっていて、アカウント自体が公式サイトの役割を果たしているといえる。特にアートワークに凝るK-POPのティザーは、文字よりもビジュアル勝負のインスタグラムとの相性が良く、メンバー個人のカットと、グループ集合カットの画像をインスタグラム用に9分割して、プロフィール画面に大きく見せるなど視覚的に訴えるプロモーションが目立つ。この方法はK-POPでは定番だが、日本の公式で活用している例はまだなく、2020年に入って韓国との合同会社に所属するJO1[※7]がさっそく取り入れていた。この手法はアイドルのティザー以外にも活かされており、たとえば、映画『パラサイト』の公式インスタグラムを覗けば、印象的なセリフやシーンが大胆に3、6、9枚と分割されていて、そのうちの1枚をクリックすると該当部分の映像が流れるようになってい

※6　NCT（エヌシーティー）　EXILE（シーズンごとの増員）とAKB48（リリースによって変わる選抜メンバー）とモーニング娘。（入替・卒業）のメンバー構成システムをすべて取り入れた多国籍グループ。韓国のバラエティ番組「週刊アイドル」出演時には、放映時間の3分の1がその複雑なグループ紹介に割かれていた。

る。通常の日本の公式アカウントに多い、動員数や舞台挨拶のお知らせなどはなく、遊びを取り入れつつ、全体的に統一されたアーティスティックな画面を作り上げている。

K-POPグループのインスタグラム公式アカウントでは、ユーチューブで何かが公開されればその一部を切り取った映像やビハインド（日本でいう「メイキング」）を加工してストーリーズ（24時間限定投稿）にアップし、フィードではきちんとタイミングを合わせて、撮影した集合写真やセルカを投稿している。収録終わりの移動中の車内や、食事中にゲリラ的に行なわれるインスタライブでは積極的にファンのコメントを拾い（外国語のメッセージも）、日常的な会話を交わす。

スマートフォンで見ることを前提にユーチューブと違って縦型動画に最適化されたストーリーズでは、その特性を活かしてメンバー同士が「◯◯チャレンジ」（新曲の印象的な振付を用いた短尺のプロモーション映像）をしている動画なども投稿し、TikTokへの遷移を促すこともある。他にもストーリーズに使えるGIFスタンプやフィルターを公式から出す企画も見られるようになってきた。インスタグラムに新機能が実装された途端に採用する姿勢がK-POPグループのアカウントから散見され、SNSを使いこなし

インスタグラムを使ったTOO新曲リリース時のティザープロモーション。画像を分割して投稿し、中央列には写真が複数枚格納されていたり、動画が再生されるようになっていたり、といった工夫が凝らされている。［TOOインスタグラム（@worldklass_too）より］

ている若者と歩調を合わせた公式アカウントのフットワークの軽さがSNSプロモーションの要になっていると感じる。

ファンクラブサイトのようにクローズドな場ではなく、リアルタイムに誰でも無料でアクセスできるSNSが海外ファンにとっても大きく開かれた入口になっているのは確かで、それを証明するように、K-POP関連のSNSのフォロワー獲得数はずば抜けている。2021年1月時点で韓国芸能人のインスタグラムフォロワー数第1位はBLACKPINKのリサで、約4400万人だ。驚くことに韓国ではフォロワー数トップ10のうち、8位の俳優イ・ミンホ以外はすべてK-POPアイドルの個人もしくはグループのアカウントだ(同じく2021年1月時点)。50位まで見ても、そのほとんどがK-POPアイドルである。日本でのインスタグラムのフォロワー数第1位は渡辺直美(同

SMエンターテインメントによるオンラインコンサートの告知ストーリーズ。コンテンツが更新されるたびに、こまめに他媒体への遷移を促し、ただリンクを載せるだけではなく、スタンプやフィルター、アンケート機能などを組み合わせている。[SMエンターテインメントインスタグラム(@smtown)より]

※7　JO1(ジェーオーワン)　オーディション番組「PRODUCE」シリーズの日本版から生まれたボーイズグループ。ダンサー、就活生、バギーエンジニア、解体作業員など、個性豊かな経歴を持つメンバーで構成されている。

1月時点で938万人）だが、韓国のランキングに照らし合わせると40位になる。これはツイッターも同様で、日本でもっともフォロワーが多い芸能人であっても、韓国では10位にも入らないだろう。決してフォロワー数＝人気度とは一概にはいえないが、日本の半分ほどの人口しかない韓国で、どのSNSでも日本よりもフォロワーを集めているという事実からだけでも、海外からの注目度の多さが見てとれる。

BTSにいたっては、あまりに特異的な人気なので、もはや横並びにK‐POPの切り口で話していいのかと思うほどだが、2021年1月時点でツイッターフォロワー数は韓国最多の3100万人を突破し、2020年8月にメンバーのVが投稿した自撮り写真はバラク・オバマに次いで世界で2番目に速く200万いいねを記録した。BTSはその影響力から、ビルボード・ミュージック・アワードでは2017年から4年連続でトップソーシャルアーティスト賞を受賞している。

アイドルと友達のようにコミュニケーションでき、存在をより身近に感じられる投稿コンテンツ。継続的な更新と即時的な翻訳で、他の国にいても疎外感を感じることなく「今」を共有できる仕組み。K‐POPのそうしたSNS運用は、日々世界中でアイドルへの共感とファン同士の団結力を高めている。2010年頃にBIGBANGや少女時代[※8]などが日本でもK‐POPブームを巻き起こしたように海外進出の試みは少し前の世代から行なわれていた。しかし、現在になって一気にK-POPがグローバルな人気を広げつつあるのには、「バリアフリー」で細やかなSNS運用がある。

K-POP特有のお祭り期間：カムバック

K-POPの沼にハマると韓国語の波のなかで独特な単語を数多く耳にするようになると思うが、入門してすぐに出会うのが「カムバック」という言葉だと思う。「カムバック（comeback）」は英語の意味そのままならもちろん「戻ってくる」ことだが、K-POPでは一般に新曲発表後の活動期間のことを指している。新曲を出すことを「カムバックする」、その新曲をひっさげてテレビやラジオ出演、サイン会やコンサートなどを一気に行なう時期を（特に日本では）「カムバ期間」と呼ぶ。であれば、「カムバック」ではなく単純に「新曲リリース」といえばいいのではとも思うのだが、日本と違うのは「カムバ期間」に対

※8　少女時代（しょうじょじだい）　2011年の日本ファーストツアーで「お呼びですか～？」と大ヒット曲「Genie」のお決まりのフレーズを言いながら現れた衝撃が今でも鮮明に思い出される。日本のヘアメイクや衣装のトレンドを研究して、当時からMVを韓国版と日本版とではっきりと作り分けていた。

置される「空白期」が明確に存在しているという事情である。まるで水底深くから水面へと戻ってきて顔をぷはっと出すような語感が面白い。

AKB48立ち上げ時の「いつでも会いにいけるアイドル」というコンセプトは、好きなアイドルをいつでも安定的に見続けられることが価値を持つ日本のアイドル観を色濃く表していると感じる。他方、韓国のアイドルとなると基本的にカムバ期間以外は目立った活動がなく、ファンとアイドルが会える機会も日本ほど用意されていない。断続的にメディアに登場して新曲はまだかとファンを心配させるよりも、今から準備期間に入るとはっきり宣言しメリハリをつけるほうが、ファンの関心をより一層次のリリースに引きつけることができるからだ。

韓国のアイドルが長い練習生期間を経てデビューするのと同様に、デビューしてからも半年〜1年ほどの空白期間を作ってしっかりと新曲を制作する。その期間は日本のアイドルのようにバラエティの冠番組を持つこともない。韓国にはアイドルの雑誌も少なく、いまでこそSNSによってアイドルの近況や私生活を簡単に知れるようになったものの、ネット配信が登場する前はテレビ露出がほとんどなかった。

空白期間が存在しているからこそ、ファンはアイドルの帰還を指折り数えて待つ。カムバックの始まりにはまずティザーの予定表が発表され、ファンはその時間に立ち会おうとスケジュールを調整する。その後はアドベントカレンダーのように、ティザーで毎日、生まれ変わったアイドルの新しい写真や動画が少しずつ公開されていく。ついにはMVが解禁され、連日の音楽番組への出演が始まる。その「出勤《チュルグン》」風景や番組後のミニファンミーティングをファンが撮影してSNS上にガンガン公開し、音楽番組のユーチューブ公式チャンネルにもダンス動画とチッケムがアップされる……。本当に怒濤の帰還（期間）なのだ。

「生まれ変わった」と述べたように、このカムバックに最大の花を添えるのがアイドルたちのビジュアルの大変化（イメチェン）だ。K-POPアイドルといえば、ピンクやシルバーの派手なヘアカラーや奇抜な衣装を連想する人も多いだろうが、カムバックではそれが毎回大きく変化する。髪型・髪色、衣装は当たり前、音楽性や体重もガラっと変わり、清純派アイドルが突然ディーヴァのようなコンセプトで帰ってくることもある。2012年にガールズグループの2NE1が1年ぶりにカムバックした時は、メンバーのダラが自慢のロングヘアーを左半分だけ剃るという強烈なイメチェンを行ない世間を騒がせた。

逆にいえばK-POPではいつでも同じ状態の推しに会えるという保証がない。ファンはカムバックした推《お》しのビジュアルを見て毎回大きく一喜一憂するし、アイドルは期待感を煽《あお》るためにMV解禁直前までは自撮りでも生配信でも帽子を深くかぶって徹底的にネタバレを防ぐ。新曲を歌う「推しの外見」そのものがK-POPでは大きなサプライズになっているのだ。

しかしカムバックは、単に歓喜の瞬間だけでなく戦いと不安の期間でもある。1回のカムバックで数千万円にもおよぶ膨大な予算が投じられるからこそ、チャートで結果を出せなかった場合のリスクも大きく、小さな事務所であれば経済的に立ち行かず新曲リリースが途絶えることもある。大きな事務所であっても、所属が同じ他のグループとの兼ね合いや前回のカムバックの成績によってその間隔は不定期になるので、自分が推すグループに次いつ会えるかわからない不安定さは常にファンにつきまとう。不安になるのはアイドルも同じで、雑誌のインタビューでは「MVが公開されてもカムバックの実感がなかった」「(空白期間に)解散したの?とよく聞かれて心苦しかった」といったアイドルの発言をよく目にする。

こうした不安を打ち払うかのように、ファンはカムバックのたびに献身的な努力をし、自分の応援しているグループを投票やスミン、CDの「積み」で、のし上げようとする。有名グループ同士のカムバックがかぶりでもすれば、「カムバック戦争」と呼ばれるほど熾烈な応援合戦がファンのあいだで繰り広げられ、その期間にカムバックしていないグループのファンと同盟を結んで協力を仰ぐなど、その様相は文字通り、戦争である(韓国の競争社会を反映した代理戦争のような気もする）。たとえばコロナの影響で、カムバックが重なった２０２０年６月には、通常の倍にあたる60ちかくものアイドルが新曲を発表し、その状況は「カムバック渋滞」と呼ばれていた。

とにかくカムバック中に推しのグループが数ある音楽番組で一度でも１位を取ることがすべてで、そのためにファンは団結する。１位を勝ち取ればツイッターで「#1stWin」のハッシュタグがトレンドに入り、複数の番組で１位を取るとメディアで「〇冠」と報道されるのは前述した通りだ。デビュー後初めての１位は、ファンに代々語り継がれる思い出の一コマになる。カムバック時のこの競争システムこそがＫ－ＰＯＰの強固なファンダムを作り上げてきたともいえるし、そのために楽曲そのものは二の次になっているともいえて（競争の一波乱が落ち着いてから「やっとじっくり新曲が聴ける」と口にするファンもよく目にする）、心苦しさを感じる部分でもある。

カムバックシステムの起源は、韓国の「文化大統領」と呼ばれる１９９０年代のヒップホップ・ボーイズグループ、ソテジワアイドゥルまで遡る。彼らは新アルバムの制作に入ると音楽活動を

韓国の音楽番組「MUSIC BANK」での1位発表時の様子。項目ごとのスコアにもとづいて、勝者にはトロフィーが渡され、アンコールステージへと続く。

休止し、公私にわたる生活のすべてをメディアから隠すことを一種のマーケティング戦略として行なっていた。徹底的な「神秘主義」のもと、空白期間にしっかり次の活動に向けた準備をしたのだった。また、ファーストアルバムではドレッドヘアに制服ルックだったのが、次はヒップホップファッション、その後はズボンの上にスカート、ゴーグルにスノーボードウェアといったようにアルバム発表ごとにビジュアルを大胆に変更し、そのファッションは若者のあいだに大流行した。この下流に現在のK-POPのカムバックシステムがある。

スタイリング、MV、アートワークといったK-POPのビジュアル作りのクオリティが日に日に進化しているのには、毎回視覚的に生まれ変わって弱肉強食の音楽界を生き残ろうとする、カムバックをめぐる熾烈な競争があった。しかし、その激しさがあるからこそ、推したちが生きて戻ってきたことの喜びは増幅され、盛大な打ち上げ花火のようにファンたちを祝福する。ルーティン化しがちな新曲リリースを徹底的に「ハレ」として演出することで、カムバックという祭りはファンの応援をめいっぱい引き出し、アイドルたちの帰還を「凱旋」に変えている。

じらして興味を引きつける予告：ティザー

先にも少し触れた「ティザー（teaser）」とは「じらす」という意味の言葉で、新曲のリリースに合わせて、通常1か月くらいかけて行なうK-POPのSNSプロモーションの柱である。SINXITYさんによると、もともとは音源を一部先行公開することだったが、韓国の大手芸能事務所であるSMエンターテインメント※9がリリース前の興味の引きつけとして、新曲のヒントとなるイメージ写真や映像を小出しに発表し始め、現在にまでつながる一連のティザー文化を定着させた。そこには、2010年代、広告に予算をあまり割けられなかった韓国の芸能事務所が、既存のメディアに頼らずにSNS上で「じらす」過程自体をコンテンツ化してプロモーションに転用していたという背景があったのだという。K-POPの場合、リリースのたびにヘアスタイルやファッションを新コンセプトに沿ってガラッと変えるので、ティザー写真が発表されるとファンは新しい推しの姿に盛り上がる。

※9 SMエンターテインメント BoA、東方神起、少女時代などK-POPを代表する人気グループを輩出してきた大手芸能事務所。所属タレントのビジュアルは端正で正統派な印象があるが、奇抜な楽曲も多く、大手でありながら挑戦的な姿勢を保ち続けている。

かつてはグループの集合写真を公開するだけのティザー文化だったが、当時ＪＹＰエンターテインメントでマーケティングを担当していて、後にLOONAの生みの親となるチョン・ビョンギ氏が２００８年、Wonder Girls[※10]のアルバム『So hot』リリース時にメンバー個人のコンセプト写真を順次発表する新しいプロモーションを始め、以降どこもティザー内容を細分化するようになった。

これをさらに発展させたのがＳＭエンターテインメントでかつてアートディレクターを務めていたミン・ヒジン氏で、写真がアニメのように動くムービングイメージや、ＭＶ本編を数秒切り取っただけではない、アートフィルムのような新曲のトレイラー（予告映像）をティザー用に制作し始め、端的に「ティザー」といってもその形態や手法は多様化しだした。

現在のストーリーテリングなティザー手法の元祖ともいわれるEXO[※11]の場合は、「Exoplanet（太陽系外惑星）」というグループの壮大な物語を予感させるメンバーのティザー映像をデビュー前から１００日間もかけて流す大がかりなプロモー

EXOのデビューティザープロジェクト1本目の動画。2011年当時隆盛だったフェイスブック上にゲリラ的に投稿していたが、やがてツイッターにその場所を移していくようになる。[SMエンターテインメントフェイスブック(@smtown)より]

ションを行なった。月食を見つめるメンバーや何かを探しているメンバー、石に刻まれた象形文字のようなロゴマークなど、数々のストーリー要素を映像に散りばめ、大手事務所から久々に誕生する期待のボーイズグループということで、何人いるのか、誰がいるのか、どんなグループなのか、この映像のメッセージとは……と好奇心を煽った。K-POPファンはこぞって断片的な情報をつなぎ合わせて解析し、デビューを大いに盛り上げた。K-POPではこの頃から、ファンがティザーに隠された意味を探すようになったと思う。

さらにはYGエンターテインメントが、今ではK-POP業界に浸透している新曲発表までの「カウントダウン投稿」を始めた。毎晩12時に新しいイメージ画像が数枚ずつSNSを通じて発表されるのがティザーの基本だが、2015年のBIGBANGのアルバム『MADE』発表時にはさらに、「〇日前」を表すカウントダウンの画像がアップされていた。D-7（7日前）、D-6（6日前）、D-5（5日前）とカウントダウンされていくごとに、ファ

※10 Wonder Girls（ワンダーガールズ） 私にとってK-POPの入口になった曲「Tell Me」（08）は耳残りするフックソングで、当時一世を風靡した。アメリカや中国への進出にもチャレンジしており、現在のK-POPのグローバル人気は彼女たちをはじめとする先輩グループが築いた土台あってこそ。

※11 EXO（エクソ） 韓国と中国それぞれを拠点とする2チーム制でデビューし、同じ曲を2か国語で同時リリースしていた。2018年の平昌冬季オリンピックの閉幕式ではパフォーマンスをしている。K-POPシーンに大人数グループの潮流をもたらし、アジアでの堅固なファンダムを築いた先駆者。

ンたちはリリース日への期待を高めた。

加えてYGは、同じく韓国では後に定着する「ティザースケジュール」を生み出し、ファンに共有していった。これはつまりティザーのティザーで、新曲発表日までに「いつ、何を、何時に公開しますよ」というカレンダー方式の画像である。これは2014年のWINNER[※12]デビュー時に、ティザーのプランを初めてポスターにしたことから始まった（→169ページ）。日程表の共有によって、公開された写真や映像をすぐチェックするためにその時間にSNS上にファンが集まって拡散するので、ツイッターのトレンドに入りやすくなるのだ。所属アーティストが多数いるYGでは、次に誰がリリースするのかということ自体が話題になる、という当時のヤン会長のアイデアにより、「WHO'S NEXT?」の一文と日付だけが書かれたティザーポスターも公開するようになった。これによりYG所属の全アーティストのファンがその記された日時に会社の動きに注目するようになった。

K-POPではいまやティザー自体がリリースに並ぶほどの大切なコンテンツとなり、ティザーの内容およびその発表方法がさらに多様化してきている。12人いるLOONA[※13]（韓

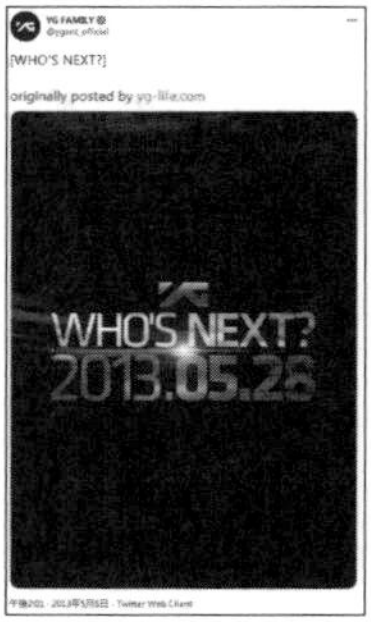

有名アーティストを多く有するYGならではの「WHO'S NEXT」ティザーポスターは現在も行なっている。ゲリラ的に謎を提示することで、YGファンはもちろん、K-POPファンにとってもこの投稿自体がニュースになる。［YGエンターテインメントツイッター（@ygent_official）より］

国名：今月の少女）は、グループ名の通りデビューまで毎月新しいメンバーを一人ずつ公開していた。メンバーをネタばらしするティザーは普通1分前後の短い映像であることが多いが、LOONAの場合は、実際にソロ楽曲をリリースすることでグループ全体の「予告」とした。本来ならデビューしたグループの知名度と人気が上がってから、ユニット活動を経てソロデビューするのが通常の流れだが、逆転の発想だ。約2年にもわたったこのデビュープロジェクトには約99億ウォン（約8億9800万円）もの製作資金が投入されたが、メンバーが出揃った待望のデビューアルバムとその次に発売されたリードシングルによって、BTSに次いでアメリカのiTunesシングル・アルバム両チャートで首位を獲得するなど海外から絶大な支持を受けた。

日本の新曲プロモーションだと、テレビCMやドラマのタイアップなどを通じて知らず

※12 WINNER（ウィナー） YGがBIGBANG以来9年ぶりに発表したボーイズグループ。デビュー前に発表されたティザー映像は、今日にいたる数あるK-POPグループのなかでも最高だと思う。楽曲はアイドルファンではない韓国の一般層にもよく聴かれている。

※13 LOONA（ルーナ） 元JYPのチョン氏のもと、MV監督のDigipediと音楽プロダクションMONOTREEとのタッグによって綿密な世界観を作り上げてきたが、凝りすぎたデビュープロジェクトがもとで巨額の負債を抱え一時カムバックができない事態に。海外ファンが「#SaveLoona」のハッシュタグとともにアルバムのダウンロード購入を呼びかけた。

知らずのうちに曲が刷り込まれ、耳慣れした段階での楽曲発売が多い。より多くの人に一方的に広めるための広報がなされている印象だ。それに比べると、K-POPで盛んなティザーは一見、好きなアイドルのSNSをフォローしていない人は気づきにくく、どちらかというとファン向けの宣材といえるだろう。しかし、MVとは別に映像を作ったりカウントダウン用に何カットも写真を用意したりと、コストと手間をかけた分だけ、単なるプロモーションの用途を超えたいち作品としての付加価値が生まれる。

毎日少しずつ発表される写真や映像を前に、ファンたちはイメージを膨らませSNS上でどんな楽曲なのか議論する。リリースまでのお祭り的な雰囲気をコミュニティ全体で楽しんでいるK-POPファンも少なくなく、推しグループでなくても画期的なティザーが出ると話題にし合うこともしばしばだ。遊びの要素を散りばめたティザー自体がコンテンツ力を持ち、ファンが垣根を越えて自然とシェアすることで、結果的にブランディングや新規ファン獲得といった効果を発揮するのではないだろうか。

名刺代わりの3分映え映像：MV

K‐POPと聞いて、大掛かりで華やかなセットや多用されるネオンライト、ポップなカラーリングを私たちに連想させる役割を大きく果たしたのが、MV（ミュージックビデオ）ではないだろうか。

韓国では、写真を撮りたくなるようなかわいいインテリアのカフェやギャラリーが軒並み増え、その「映え」を目的に韓国旅行する若者が多くいるのは近年のガイドブックや雑誌を見れば明らかだが、MVにもその空間の作り込みの上手さが表れている。どの瞬間をキャプチャしてもスマホの待ち受けにできるほど絵になる。パッと見ただけでも楽しめる、新しさと懐かしさが同居したMVの世界観は、K‐POPの個性のひとつになっている。

2020年に発売された日本の曲でMVが1億回再生を突破したのはNiziU「Make you Happy」、Official髭男dism「I LOVE...」、米津玄師「感電」、LiSA「炎」の4曲のみだったのに対し、K‐POPはアイドルグループの19曲が突破しているうえ、BLACKPINK、BTSにいたっては再生回数がともに7億回（2020年12月時点）を超えている。

なぜここまで再生回数が伸びるかというと、ティザーによって最大限まで高められた新曲への期待感をMV公開時に爆発させるようにプロモーションが設計されているからである。韓国の音楽番組で発表されるランキングにはユーチューブ再生回数も反映されるため、ファンたちがMVを何度も再生したり、また、MVのリアクション動画（K-POPではMV公開後すぐにファンやアイドルによる視聴の様子を撮った動画がアップされる）をファンが上げたりといった、K-POP独特のファンダム文化も関係している。

これまでEXO、BLACKPINK、MONSTA X[※14]など数多くのMVを手がけてきた映像制作会社VM Project Architectureは、鮮やかな色使いと2次元と3次元を行き来するような構成美が特徴的だ。代表のボムジン監督にK-POPのMVがここまで世界中で見られている理由について聞くと、「見た目の派手さ、それから目の前でコンサート公演を見ているような感覚になる群舞シーン。そして、海外の人が見ても『あっ！　これはポップだな』と一発でわかるものが多いこと。あとは、ファンが楽しめるコンテンツの量が多いというのも重要かな」という答えだった。

MVのポップ要素を際立たせているのが大規模でカラフルなセットだが、光と影をうまく使ったノスタルジックな作風で、Red Velvet[※15]、WINNER、TXTなどの撮影監督を務めるイ・ハンギョルさんによると、これは韓国国内でのロケハンの難しさに起因している。「自然が守られていたり、もしくは、美しく建てられた建物が残っていれば、その場所でそのまま撮影するだけでスタイリッシュに表現することができるのですが、韓国には無計画に作られた景観の街が多く、そのなかでロケーションを探すのが難しいというのが最大の理由だと思います。またアイドル産業という性質上、『神秘主義』が挙げられます。日常の延長線上でというよりは、ファンが簡単にアクセスできない、徹底的に分離された人工的なセットで撮影が行なわれることを好むのです。それに、セットに楽曲イメージをアウトプットする技術が、MV制作黎明期の世代から現代の制作陣にまでうまく受け継がれてきたことも大きいですね」

こうした背景から確立された、K-POPの代名詞ともいえる豪華絢爛なセットだが、撮影前には想像以上に緻密なシミュレーションがなされていた。監督が美術スタッフにイメージを伝え、より実際に近いイメージを掴むために舞台構造の3Dモデリングまでしているという。3Dモデル内に仮想的に人を立たせ、パフォーマンスシーンであればダン

※14 MONSTA X（モンスタエックス） 彼らの楽曲内の「Walker walker」というフレーズから、水面下でIZ*ONEファンが「ワカワカ先輩」と呼んでいたのが公式認証されるという珍事件があった。「DRAMARAMA」の「そんなことできるのか 適当に好きになるなんて」という歌詞が推しへの気持ちを代弁していると、アイドルファンのあいだで大流行。

※15 Red Velvet（レッドベルベット） 「明るくポップ」と「ダークでしなやか」の2つのコンセプトを楽曲ごとに切り替えて活動している。イラストレーターのクォン・ソヨンが手がけたアートワークや雑貨ブランド「THENCE」とコラボしたコンサートグッズなど、ときめくアイテムをたくさん出している。

スに必要な幅や高さの確認をし、その後でカメラシステムやカメラワークの動線を定めているようだ。このような大規模セットを何個も組むのだから当然動いている予算も大きい。アイドルグループの場合、MV1本に通常700〜800万円もかけ、大手事務所の場合は1000万円をゆうに超え、さらに有名グループともなれば7000万円規模とも聞いたことがある（日本での予算感を軽くネットで検索したが有名監督が手がけた有名アーティストの作品でも韓国の半分ほどの金額で、ああ……と思った）。予算の規模だけを見ても、クリエイティブをどれだけ重視しているかがわかる。

K-POPにおいてCDジャケットからMVにいたるまで巨額の資金が投じられていることについて、ボムジン監督は、「音楽市場は一言でいうとパッケージ市場。楽曲だけでなくMV、衣装、CDデザインなど、関わるすべてのコンテンツがそのアイドルグループというひとつのパッケージに包含されている。それぞれを見たときに消費者が統一感やつながりみたいなものを感じられるほうがいい」とも話していた。前述の通り、K-POPの映像といえばMVだけではなくティザーも有名だが、ティザーはティザー、MVはMVでしか使われ

ボムジン監督の制作部屋には、海外の画集やユニークな置物が多く並ぶ。アイデアに煮詰まると、目を閉じたまま本棚から1冊抜き取る。適当に開いたページの内容から着想するという"制限"をあえて設けることで、状況が打開されることもあるそうだ。

ていないカットも多く、ファンたちがこれらの映像をすべてつなげて細部まで意味を探るよう、制作側はストーリーの伏線を周到に散りばめている。

特にSMエンターテインメントではこういった手法がよく使われていて、新しいMVが公開される都度、ファンたちが映像に映り込んだ小さな動きや小物の一つひとつに意味を見出だしてSNS上で議論を交わしている。なかにはMVのストーリーを考察する目的だけにアカウントを持つ人がいるほどで、作品の考察をする人たちを「考察班」なんて呼んだりもする。なんだか小さなことも見逃さない、鍛え上げられたSWATのようだ。

考察の種となる〝意味ありげ〟な映像はどこまで意識的に作られているのか、ボムジン監督に聞いてみる。「全部意図して作っていることは確かだが、どこまで何を意図しているのかは説明できない。SMエンターテインメントのコンテンツはいわば〝インタラクション〟コンテンツで、ストーリーは少しだけ明らかにするけれど、その後はファンたちが勝手に想像したもの（ファンの二次創作やMVの考察など）を受けて、SM側もまた新たに考えることもある。お互いに影響を及ぼし合って作っていくカルチャーなんだ」

たとえば、EXOの「Obsession」のMVは普段のEXOともうひとつの自分たち「X-EXO」が対立するというストーリーだったが、最後のシーンではただ惑星が燃えていて勝敗がはっきり見えないようにし、ファンに想像する余地を与えた。その反応を受けて、次回のMV制作のヒントにすることもある。ファンと作り手とのあいだにこうした柔軟な双方向性があるからこそ、社会や時流の変化にも適応した新しいものを生み出せるのだと腑に落ちたが、流行をそのまま素直に反映するのが解というわけでもない。実際VMProjectは、ピンタレストをはじめとするSNSからイメージソースを得ることを禁止している。

「ネットで検索すればイメージがどんどん出てきます。便利ではあるけれど、いまネットで見られる無料の情報は紙の書籍全体の0・1%にも満たないと思います。リサーチの際は、展示や映画を観に行ったり、旅行したり、図書館で本を読んだり、直接手を動かして絵を描いたり……そうやってイメージを出すようにしています。〝トレンドの人〟になってしまったら、いざトレンドが終わったときに価値もなくなると考えているので、〝トレンド〟は追わないのです」（ボムジン）

舞台設定を砂漠にしたMVであっても、実際の映像では砂漠を直接に描くのではなく、水のない都市を登場させたりすることで新鮮味や意外性を与えるようにしているという。こうした直接的ではない表現の工夫があるからこそ、見る人が探究心を能動的に働かせる奥深いコンテンツができ上がるのかもしれない。

ＭＶはプロモーションツール、ＣＤはグッズ

ついつい忘れてしまうが、そもそも日本にいながらＫ‐ＰＯＰのＭＶをフルで見られるという基本的なことも、Ｋ‐ＰＯＰの「バリアフリー」な戦略の一環だ。日本でも、もう多くのアイドルグループがショートバージョンではなくフルのＭＶをユーチューブ上に公開するようになったが、海外ではまだ再生できないものが多い。これは私が韓国に住んでいたときに実際ものすごく痛感したことだ。とにかく日本のアーティストは普及も布教もしにくい！　好きなアーティストを薦めようとしても、そのＭＶは「お住まいの地域ではご視聴できません」の表示。当時（２０１９年頃）はまだApple MusicやSpotifyが使えず、国内ストリーミングサービスのMelonやgenieが主流の韓国で、わざわざ「ＣＤを聞いてもらう」というハードルをクリアしなくては、日本のアーティストを韓国の友達に薦められなかった（もちろん韓国で日本のＣＤを買うのも一苦労だ）。

閲覧の地域制限についてはユーチューブを運営するGoogleと音楽レーベルとの規約によるそうで、世界に開かれたコンテンツを作ろうにもユーチューブの広告収益の配分など権利に関わる根本的な問題が日本では壁になっているように感じた。これは、韓国と日本の音楽業界でのＭＶの捉え方の違いによるのではないかと思う。

ＭＶはかつてＰＶ（プロモーションビデオ）とよくいわれていたように、ＣＤの販売促進を

するための宣伝材料という側面が強かったが、映像コンテンツが一般的に受容されるにつれて、ＭＶ自体が楽曲の内容を視覚的に表現する単独の作品として制作されるようになっていった。近頃はＪ‐ＰＯＰのＭＶも楽曲の直接的プロモーションを担っているわけではなくなってきたが、Ｋ‐ＰＯＰではさらに徹底して、カムバックするグループが表現したい世界観の最大のアウトプット物としてＭＶを位置付けているのだ。

ティザーで仕込んだ期待感をＭＶ公開日に絶頂にし、公開後はＭＶの世界観をそのまま音楽番組でのパフォーマンスでリアルに再現する。ＣＤはあくまで今回のカムバックの世界観を物理的に固定化させたグッズなのである。そして各楽曲のＭＶはといえば、グループの名刺としてフル尺で常に世界中に公開されている。ＣＤは「音源を収録したディスク」というより「ＭＶの世界観を圧縮したグッズ」として売っているので、ＭＶをアップしたからＣＤが売れなくなるという心配はそもそもない（Ｋ‐ＰＯＰのＣＤのグッズとしての独特性については第4章で後述する）。

ＭＶをはじめ、Ｋ‐ＰＯＰの映像コンテンツのすべてに共通していえるのが「開かれている」ということで、誰もが同時に楽しめるからこそ、その瞬間を各自ＳＮＳでシェアするのがファン同士の楽しいコミュニケーションになる。先ほど挙げた「考察班」によるＫ‐ＰＯＰのＭＶのストーリー考察はどこの国であれ翻訳され、言葉や国を超えて世界中のファンダムが謎解きをする。ファンサブや字幕文化についての項でも詳述するが（↓119ページ）、たとえばITZY[※16]などのグループのMVにいたっては公開した瞬間に10か国語で歌詞字幕が付けられる。とにかくファンがコンテンツを楽しめるように、「バリアフリー」が徹底されているのだ。

一目見ただけで印象に残る「映え」作り、ファンを深くハマらせるストーリーテリング、そして、そうしたコンテンツを誰もが同時に楽しめるように障壁をなくす工夫が、K-POPのMVの驚異的な再生回数と誰もが思い浮かべるK-POPのイメージにつながっているのではないだろうか。

公演化する記者発表会：ショーケース

最近ではティザーからMV公開、ショーケースでのパフォーマンス披露までの一通り

※16　ITZY（イッジ）　グループ名は韓国語で「あるよね？」の意。「マイウェイ」や「自己肯定」をキーワードにしたメッセージ性の強い歌詞、パワフルなパフォーマンスと凛とした佇まいがガールズグループに新風を巻き起こした。

が、カムバック時のオーソドックスな形式になっている。「ショーケース」とは、新しいアルバムのリリースや新人歌手のデビュー時に行なわれる、メディア向けの記者会見を含んだ新曲のお披露目会のことである。

そこでは新アルバムの中から数曲初披露し、プレス向けのフォトセッションや今回のカムバックにあたってのインタビューやミニゲームなどを行なう。新曲リリースのたびにプロモーション公演を開催すること自体が日本では珍しいが、韓国ではさらに、それをプレスだけではなくファンにも向けて開放している。音楽番組でのパフォーマンスよりも一足早く、新曲のコンセプトの詳細やカムバック衣装、パフォーマンスを目にすることができる場だ。

近頃このようなショーケースは、V LIVEやユーチューブ、フェイスブックを通じて世界に同時配信され、EXOのような人気グループの場合だと、ショーケース中継のリアルタイム再生回数が６００万を超える。とはいえ、関係者と同時にコアなファンに対していの一番に新曲公開するその姿勢はなんだか梨園《りえん》における贔屓《ひいき》筋への挨拶回りや株主総会のように見えなくもないが、ファンとの信頼関係を大事にしていることの表れではある。

ショーケースでは曲の見どころや振付のポイント、制作裏話だけでなく、記者の質問にアイドルがその場で答えることも珍しくない。たとえば、THE BOYZ[※17]のファーストフルアルバム発表のショーケースでは、アイドルがよく聞かれる「今回のファッションポイントは?」といった質問の代わりに、「前回のカムバックでは新人賞を総なめしていたが、今回のプロモーションではどういったファンイベントを開催したいか?」「今回のカムバックのチャート成績の具体的な目標は?」と、あたかも企業の新プロジェクトについて尋ねるかのような質疑が現場でなされていた。記者からのそんな鋭い質問にも平均年齢20歳そこそこのメンバーたちが歯切れよくしっかりと答える様子はさながら株主総会だった。締めには、「お忙しいところ本日はご足労いただきありがとうございました」と取材陣にしっかりビジネス挨拶をしていた。

　このような「カムバック・ショーケース」や「デビュー・ショーケース」はプレス向けに開催した後、同日に別途ファンに向けてチケット販売される(無料の場合もある)。大手事務所の新人グループだとその人気度で箔がつくことも

THE BOYZの初フルアルバムショーケース(2020年)。2時間弱の全編はV LIVEから無料で中継され、見逃してもアーカイブから視聴できる。パフォーマンス部分は切り出されてユーチューブにアップされている。[THE BOYZ COMEBACK SHOWCASE <REVEAL>(V LIVE)]

※17　THE BOYZ(ザボーイズ)　韓国の主要新人賞を総なめにした11人組で、「全員センター」と評されるほど美男子揃いなことで有名。2017年に発売されたデビューアルバム『THE START』(Ready版)では、撮影、デザイン、内容構成までメンバーが手がけ、アートワークへのこだわりも強く感じる。

あり、ニュースサイトでは「デビュー・ショーケースは○分で完売」とよく注目される。

２０１９年、元Wanna One[※18]メンバーが新たに結成したCIXが５０００人収容の会場で行なったデビュー・ショーケースは30秒で完売し、中継視聴者数は26万人に及んだ。海外市場進出の際にもこの形式は取られていて、ＳＭ所属のSuperM[※19]は２０１９年、「SuperM：Live From Capitol Records in Hollywood」と題してハリウッドでショーケースを無料開催し、世界同時配信した。

「記者発表会」を公演化したショーケースは、音楽番組出演前にファンの反応をいち早くダイレクトに探れる機会として活用され、いまやＫ‐ＰＯＰではカムバック祭りの開始を告げる最初のイベントとして欠かせないものとなっている。

「模倣」から生まれるオリジナリティ：カバーダンス

Ｋ‐ＰＯＰの「カバーダンス」といえば、いわゆる第二次Ｋ‐ＰＯＰブームの２０１１年頃、少女時代のダンスをカバーして日本のテレビ番組に出演していた「遠藤時代」が思い出される。「遠藤時代」の場合はダンサーたちが仲間で集まって活動していたが、現在

K‐POPのカバーダンスは一般の人々にも広く浸透している。

日本で代表的なK‐POPカバーダンスフェスティバル「DREAM ON!」も、同時期の2011年にK‐POPのコンサート会場周辺で少女時代のダンスを真似するファンを見たことをきっかけに始めたそうだが、今では毎回250〜300組もの参加申請があり、韓国から芸能事務所がスカウトに来るほど参加者の実力も高い。日本国内ではほかにも「KP SHOW!」や、各大学のK‐POPダンスサークルが参加するもの（そもそもK‐POPに限定したダンスサークルが複数の大学に存在している時点で、今の日本におけるK‐POPの受容のされ方に隔世の感を禁じえない）、全国各地のダンススクール主催のものなど、多数のカバーダンス大会が存在する。さらに日本初のダンス専門チャンネル、その名も「Dance Channel」内では、ストリートダンス、社交ダンス、チアダンスなどに並び、ダンスのいちジャンルとしてK‐POPが扱われている。

※18 Wanna One（ワナワン） 2017年に国民的ブームになったオーディション番組「PRODUCE 101」から生まれ、絶大な人気を誇った伝説的グループ。1年半のみの活動のあと、ソロ活動や新グループに加入しての再デビューにより、期間限定グループ出身アイドルのその後の進路を切り拓いている。

※19 SuperM（スーパーエム） SMエンターテインメント所属の各グループメンバーによって結成された「アベンジャーズ」。2019年のデビュー曲「Jopping」のMVの、コロッセオ風スタジアムで大勢がウオーッと沸く演出（CG）にはナニコレ?!となった。

「ダンスをカバーする」という文化はもともとK‐POPに特化したものではなかったと思うが、ユーチューブで「dance cover」と検索すれば、そのほとんどがK‐POPアイドルのカバーダンスなのがわかる。それほどまでにK‐POPファンにカバーダンスが浸透したのには、K‐POPにキャッチーで真似したくなるような振付が多いことや、見た目や仕草から好きなアイドルに近づきたいというファンの憧れが大きな要因だと思う。

カバーダンスコンテストを見に行けば、振付だけではなく、衣装やヘアメイク、指先の動きまで本人たちとそっくりなダンサーが多く、「DREAM ON」主催の清水正巳さんに理由を聞けば、アイドルが音楽番組で着用していたものに似た衣装をわざわざ中国の工場に発注している人もいるからだという。カバーダンスは単なるカバー以上の価値を持ち始めていて、ユーチューブには1000万回再生を超える一般人によるカバー映像がごろごろ存在する。各都市の名所で撮影された作品はさまざまな土地にいるK‐POPファンの存在を可視化しているし、国や性別を超えたカバーは本家では見られないダンスの魅力を新たに引き出している。

カバーダンスフェスティバル「DREAM ON!」。ユーチューブで数十万回も再生される有名チームが出場したり、MV出演をかけたコンテストが開催されアイドルが審査に来たりすることも。

弘大《ホンデ》や新村《シンチョン》などの学生街の路上では、バンド演奏やラップ、ストリートピアノだけではなく、K-POPのカバーダンスもたくさん見られるようになったが、興味深いのはその集客力で、たとえ一般人のカバーダンスでも多くの見物客が集まり、弘大入口駅の9番出口近くでは毎晩観客が道いっぱいに広がり、歩行が困難なほどだ。いまやカバーダンスの聖地となった弘大がある麻浦《マポ》区では、2016年に「ストリートアーティストへの支援に関する条例」を制定し、路上アーティストへの支援を強化していて、2017年には31億ウォン（約2億6千万円）の予算をかけて520mにわたる弘大のストリートを整備し文化芸術通りとした。

これほど多くの人がK-POPのダンスをカバーするのには、「ダンスプラクティス」の存在も外せないだろう。ダンスプラクティスとは、アイドルが事務所のダンススタジオで練習している様子を定点カメラで撮影した映像のことで、K-POPでは今から10年前にはすでに一般的に公開されていた。顔のズームアップやシーン展開なしにパフォーマンスの全貌をじっくり見られるため、繰り返し動きを確認できることはもちろん、フォーメーション移動や舞台袖にはけるタイミングまでも把握でき、ファンもダンスをカバーするのが容易になった。

練習風景を流すだけでファンに喜んでもらえるし、身体を通じてもっと好きになってもらえるので事務所も積極的に公開してきたプラクティス動画だが、最近では再生回数に見られる動画の影響力から練習風景の域を脱し始め、照明や背景映像やカメラワークなど、どんどん工夫が凝らされるようになっている。なかには「mirrored」と呼ばれる、もとのダンス映像を反転させ、見たまま踊ればダンスをコピーできる動画や、メンバーが自分の名前のゼッケンを付けてフォーメーションの動線をわかりやすくしたものが公式に公開されている。

２０１８年にユーチューブチャンネルを開設したジャニーズ事務所にもＫ-ＰＯＰのプラクティス動画の手法が輸入され、Snow ManやSixTONESのダンス練習動画が公開されているが、日本ではまだ主流ではない。２０１９年12月には嵐が「Turning Up」という楽曲で振付動画を初めてアップし、ＭＶだけでは確認できなかったダンスの細かい動きもすべて把握できるようになった。公式からのプラクティス動画の投稿は「カバーしてもらいたい」という隠れたメッセージでもあり、これをきっかけに同曲のカバーダンス動画がＳＮＳ上で散見され始め、「ついに嵐のカバーダンス動画をアップできる」というユーチューブ上のコメントからも、ダンスプラクティスの需要を感じた。

空撮で撮ったボーイズグループ MCND のダンスプラクティス。フォーメーション移動が分かりやすく、カバーしやすい。MCND は他にもワンテイク版、サッカー場版、トランポリン版など、同じ曲で9バージョンもの練習動画をアップしている。[Let's Play MCND ' 떠 (Spring)' 안무영상 (Shadow ver.) (TOP MEDIA ユーチューブチャンネルより)]

MVでも再生回数の1億回突破は難しいのに、大ヒットしたBLACKPINKの曲「Kill This Love」は、プラクティス動画で3億回再生（2021年1月現在）を記録している。カバーダンスの中には一般人だけではなく有名な振付師、さらには別のK-POPアイドルが踊っているものまであるし、新人アイドルが有名グループの楽曲のカバーダンスをしてプロモーションしている例も少なくない。ライバル事務所の楽曲をフルでカバーするなんてことは日本だとなかなか考えにくいが、権利よりも宣伝に重きを置いた韓国音楽業界の寛大な戦略性がファンをさらに獲得している。

NCT 127やIZ*ONE[※20]、ATEEZ[※21]などのグループは新曲発表時にダンスカバーコンテストを開催し、ユーチューブにアップされたダンス映像の中から優秀作品を本人たちが直接選ぶリアクション動画も配信した。自分のダンスが本人に認められるのはファンにとってはたまらないだろうし、アップされる多くのカバーダンス映像は新曲の宣伝にもつながる。この方式は、YGエンターテインメントがWINNERの「BABY BABY」を他のアーティストにカバーして歌ってもらい、リリースに先行して公開したプロモーションと同じ発想から来ているのだろう。

カバーダンス自体も年々アップデートされ多様化してきている。最近では「ランダムプレイダンス」と呼ばれる大人数自由参加型の映像が増えている。一定のメンバーで練習した1曲を披露するという従来のカバーダンスと違う点は、その日その場に集まった不特定多数の人たちが、DJがランダムに流す音楽の中から自分の知っている曲がかかった場合に前に出て踊るというものだ。何の曲がかかるのか、誰と一緒に踊ることになるのか、すべてはその瞬間の偶然で決まる。

K‐POPのカバーダンスで有名な韓国のユーチューバー・GoToe（チャンネル登録者数は2021年1月時点で204万人）は、ランダムプレイダンスのイベントをデンマーク、イタリア、アメリカ、タイ、インドネシアなどの世界各地で開催し、現地のK‐POPファンを告知した場所に呼び集め、大勢でランダムプレイダンスする動画を配信している。ニューヨークのワシントン・スクエア公園でGoToeが開催した際には、アメリカツアー中だったNCT 127のメンバーがサプライズ登場し、その様子はNCT 127の公式チャンネルからも配信された。他にもSEVENTEENのホシが、アメリカでのライブ会場前で地元のファンたちによって行なわれていたランダムプレイダンスに飛び入り参加したこともあった。

このランダムプレイダンスの起源は、韓国のMBC Every1で放送されているバラエティ番組「週刊アイドル」だと考えられる。ゲストで出演するアイドル一組の実力をさまざまな方向からクローズアップするなかで、「群舞ドル（踊りがきっちり揃っていて見ごたえのあるアイドル）」かどうかを判定するために、ランダムに流れるヒット曲を踊ってもらう企画コーナー「ランダムプレイダンス」が２０１２年頃からスタートしたのだった。

自分の持ち歌だけではなく別のアイドルの楽曲にも臨機応変に対応して踊るというもので、ときには知らない曲を即興で乗り切ったりと、練習した曲では見ることのできないアイドルの慌てる様子や意外なダンススキルがファンの目には新鮮に映った。こうして火がついたランダムプレイダンスはファンのあいだでも楽しまれるようになり、踊る側であろうと観る側であろうと「Ｋ-ＰＯＰダンスを愛する人」という共通点だけで集まった人たちに、予定調和ではないリアルな場ならではの興奮と一体感を与えているように思う。

※20 IZ*ONE（アイズワン） AKB48グループの協力のもと行なわれたオーディション番組「PRODUCE48」から生まれた。2020年の韓国女性アーティストでアルバム累積販売数第1位。日本でのリリース曲は秋元康が作詞を手がける。

※21 ATEEZ（エイティーズ） 海賊・冒険・航路をコンセプトに2018年にデビュー。K-POP楽曲の日本語バージョンでは珍しく、メロディフレーズの追加、楽曲ジャンルの変更といった大幅なリアレンジが加えられていた。

見終わらないふろく映像：派生コンテンツ

こうして見てきたように、Ｋ‐ＰＯＰの映像コンテンツのバリエーションの豊富さは、ファンからすれば至れり尽くせりだといえる。近年ようやくＣＤジャケット画像がネット上で解禁されたジャニーズファンにとって、「福利厚生が手厚い」と表現されるほどだ。そもそもＫ‐ＰＯＰの場合、主要な音楽番組すべてが放送後に出演映像をアーティストごとに切り出して、当日か翌日には自身のユーチューブチャンネルにアップロードしてくれるので、韓国のテレビ番組が簡単には見られない外国のファンでも、そのパフォーマンスの様子をほぼリアルタイムで視聴できる。音楽番組の数が多い韓国では、ひとつの楽曲に対してＭＶのほかにもパフォーマンス映像が多数生み出されることになる。しかも無料で見られるこうしたＫ‐ＰＯＰの「福利厚生」は、年々拡大を見せている。

まず、Ｋ‐ＰＯＰではもう当然のものとなった「チッケム」。これは「直接ビデオカメラで撮影した動画（直ｃａｍ）」の略語で、もともとはファンカルチャーから生まれた言葉だった（そのため英語では「fancam（ファンカム）」と表記される）。ファンが屋外イベントなどを撮影する際（「ホムマ」の項で後述するが、Ｋ‐ＰＯＰではファンによる撮影が頻繁に行なわれる）、他のメンバーのパートでセンターにいないときの推しも記録に残してあとで観賞したいという気持ちから、グループの全体像ではなく自分の推しにだけひたすら焦点を当てた映像を撮る。その自分用の映像が、チッケムだ。そうしたファン独自の文化に需要を嗅ぎつけて、今では音楽番組などの公式側が自ら、本番で放送されるパフォーマンス映像とは別に、この「チッケム」をメンバー全員分わざわざ撮り分けてユーチューブにアップしてくれている。

ステージ全体を正面から撮った映像では他のメンバーに隠れてしまう部分や、他のメンバーがクローズアップされているとカメラに映らない細かな表情や繊細な指の動きまで、チッケムには1曲分の推しがまるっと映っているわけで、ファンにとっては手厚いごほうびのような映像だといえる。最近ではこの文化が日本にも輸入され、韓国の国民的オーディション番組の日本版「PRODUCE 101 JAPAN」（2019年）が、ステージパフォーマンス映像をメンバーごとに分け、「推しカメラ」と名付けてユーチューブに上げていた。

そして、最近特にアイドルがカムバックするたびに作られるようになったのが「リレーダンス」映像。1曲のダンスをメンバーが一人ずつリレーでつないでいく。メンバー全員が縦一列に並び、先頭にいるメンバーがキリの良いところまで何小節か踊り、一番後ろにはける。これを各人

デビュー4年目のNCTに電撃加入したSHOTAROのチッケムは2020年末時点で400万回再生を突破した。この映像を見てファンになった人もいたほど、バズコンテンツとしてのポテンシャルは高い。
[MPD FanCam NCT U SHOTARO(M2 ユーチューブチャンネル)より]

が1曲を通して繰り返していくのだが、次の人に変わるタイミングはアドリブなため、普段とは違うパートを踊る推しや、チッケム同様、放送番組では見えない細かい動きを直近で見られるのがポイントだ。以前は収録待ち時間の合間にスタジオやステージ裏で撮ったようなラフな感じだったが、最近では背景のセットや照明、特殊映像など、リレーダンス用にどんどん工夫が凝らされるようになっている。

他には「100秒で見る○○（100초로 보는 ○○）」（○○はアーティスト名）。これはDingo Musicという音楽チャンネルが2017年から制作しているユーチューブ用の映像コンテンツだが、1曲ごとのチッケムやリレーダンスと違って、ワンシーンワンショットでそのグループのこれまでの代表曲をメドレーでパフォーマンスする。日本でもアニメや楽曲を1分前後の短い映像にまとめる「忙しい人のための○○」といったジャンルがニコニコ動画を中心に流行ったが、曲から曲のつなぎの見事な場面展開に加えて入門的にそのグループの良い部分を濃縮して見られるのが

リレーダンス動画はダンスの細かい動きが見られるよう縦長で制作されている。SEVENTEENは大所帯を活かした奥行きのあるパフォーマンスで視聴者を楽しませている。最近では新人グループが有名ヒット曲をカバーするリレーダンス動画も増えている。[Relay Dance SEVENTEEN CLAP (M2 ユーチューブチャンネル) より]

「100秒で見る〇〇」の良さだ。そこから派生した「100秒で聞く〇〇（100초로 듣는 〇〇）」という歌メインのコンテンツも展開されている。

また、K-POPアイドルの持ち味であるダンスパフォーマンスを魅力的に伝える独自コンテンツだけではなく、流行しているインターネットミーム（ネット上で模倣されることによって拡散されていくネタ）を次々に取り入れていることも注目したい。特に2018~2019年頃にインターネットで話題となっていたASMR（Autonomous Sensory Meridian Response：炭酸飲料を飲む音やスライムを潰す音など、まるでその場にいるかのような臨場感で聴覚を刺激する映像コンテンツ）が、「モッパン（먹방）」をはじめとするK-POPアイドルのコンテンツに取り入れられている。

モッパンとは「食べる放送」の略語で、2009年頃に韓国で生まれた動画スタイルである。一人で食事をする習慣があまり無い韓国では、一人暮らしの人がユーチューバーのモッパンを見ながら一緒にご飯を食べることで寂しさを紛らわさせていて、男性を中心に大流行したが、K-POPアイドルたちもみな、食事放送をするようになった。そうしたなか、ここ最近のASMR流行が合わさり、コンテンツの幅は更に広がった。

IZ*ONEがマイクの近くでアルバムを開封して内容を紹介する映像や、NCT DREAMのジェノが野菜を切ったり分厚い本をめくったり、入浴剤を水に溶かしたりして毎回さまざまなＡＳＭＲチャレンジをする「Ｊ♡ＳＭＲ」など、グループの公式チャンネルで企画コンテンツとして取り組んでいるアイドルも多い。

他に「お母さんが寝た後に（엄마가 잠든 후에）」という、アイドルメンバーが後ろで寝ているお母さん役を起こさないように、白菜を剝いてキムチを漬けたりするミッションにチャレンジするプログラム（起こさないようにという緊張感のなか動作音だけが響き渡りＡＳＭＲ効果が高まる）や、「ティングルインタビュー（팅글인터뷰）」（Tingle＝ゾクゾクする）という、耳の形をしたバイノーラルマイク（音の３Ｄ体験ができる）を使ったアイドルインタビューなど、ＡＳＭＲに限っても、グループの公式以外に、Mnetのようなテレビ放送局や、DingoやPiki Picturesのような映像コンテンツ制作会社のユーチューブチャンネルを通して、アイドルのさまざまな無料映像を見ることができる。

特にMnetが運営するユーチューブチャンネル「Ｍ２」は、Ｋ-ＰＯＰでも最初に公式にチッケムを取り入れ、これまで挙げてきたリレーダンスやＡＳＭＲなど多くのコンテンツを積極的に制作している。２０１８年時点でＭ２チャンネル内のチッケムは

K-POPではもはやアイドルから派生したキャラクターがユーチューブバーさながらにモッパンする。BTS がデザインしたキャラの RJ が7分かけてうどんを完食する動画。[MUKBANG - HOT UDON EATING SHOW ASMR(BT21 ユーチューブチャンネル) より]

合計5億2490万ビュー、リレーダンスは合計2億5165万ビューを記録し、M2チャンネル内のコンテンツの累計再生回数は25億ビューを突破している。

テレビ局が無料のネットコンテンツにここまで注力すること自体、日本では考えられないことだが、人気グループのリアリティ番組のほかにも、ネットで流行した現象を積極的かつ速攻取り入れて、マネキンチャレンジ(マネキンのように静止した様子を撮影した動画)やASMRなど、ファンたちの「こんな推しが今見たい」に応えたコンテンツ作りを拡大している。韓国の芸能ニュースサイト「NINE STARS NEWS」の取材(2019年1月)に対して、M2のチーム長・イ・ハンヒョン氏は「国内はもちろん、グローバルなファンたちを対象にした、アイドルだけではなくK-POP全体にまつわる完成度の高いオリジナルコンテンツによって、さらに影響力のあるデジタルスタジオとして成長することができるだろう」と展望を語っている。

ユーチューブやV LIVEといったメディアに投下された派生コンテンツの多さと、それらの視聴地域を制限しないアクセスの容易さが、K-POPのグローバルなファンの獲得につながっている。MVですらフル映像が公開されていないことが多い日本とは反対に、興味を持ったグループやメンバーをさらに知る手がかりとなるおまけの映像がこれだけたくさん用意されていたら、ハマるのも時間の問題だ。K-POPは人に「布教しやすく」そのうえ一気に「沼りやすい」環境が整っているのだ。

遊びに行ける「世界観」：ポップアップストア

「ポップアップ」とはその名の通り期間限定で現れる（Pop-up）店のことで、商品やブランドを宣伝するプロモーション手法である。近年は日本でもキャラクターやアーティストとコラボしたポップアップストアやショップがよく見られるようになった。韓国ではcoupangやGmarketなど日本以上にオンライン・ショッピングモールが乱立し、その価格帯と配達スピードからAmazonすらも参入できないほど国内のECが発達しているのだが、そんな状況を逆手に取って、ポップアップストアはアイドル産業に限らず、オフラインとオンライン、ブランドと消費者をつなぐ場として、大きな成果を出している。

韓国では最近、大手食品メーカーのポップアップストア・イベントが目立つ。46年の歴史を持つ韓国の老舗アイスクリームブランド「トゥゲザー」は２０１９年に、ポップアップストア「トゥゲザーピクニックハウス」を開き、カップアイスを無料で食べられる会場には19日間で25万人以上が来場した。同年には焼酎ブランド「眞露」がポップアップで80

年代の居酒屋を再現して話題になった。近年のニュートロ[※22]ブームも相まって、老舗ブランドの製品を今風にアレンジしたグッズ展開や、写真映えする内装と体験コーナーなどでSNSに投稿したくなるような空間作りを究めた結果、口コミを通じてその広告効果を発揮している。

この手法はK‐POPにも取り入れられ、アイドルグループや新譜の宣伝のためのポップアップストアでは、アイドルのグッズ（CDではなく）が売られている。アイドルのグッズ、すなわちMD（マーチャンダイジング）商品というと、顔写真をメインに制作されたブロマイドやポスター、フォトカードなどをイメージするかもしれないが、K‐POPアイドル史のなかでも「コンセプトドル（コンセプト＋アイドル）」と呼ばれる、グループごとにコンセプトを明確に打ち出すアイドルスタイルが主流になった2012年あたりから、アイドルグッズの幅がグンと広がったように思う。

EXOをはじめとするコンセプトドルは、メンバー個人のロゴやイメージカラー、キャラクター設定、ナンバーまでもが細かく設計され、以来、ファンだけがわかるキーワー

※22　ニュートロ　「ニュー＋レトロ」からなる造語で、80〜90年代のファッション、音楽、商品を新たにアレンジして楽しむリバイバルブームで2019年から韓国で大流行。ドラマ『愛の不時着』にもこの言葉が登場した。

ドで作られたグッズが増えていった。それまでのポートレイトを全面に押し出したものだけではなく、若手のクリエイターや人気ブランドとコラボするなど、アート性を重視して作られたそれらのグッズは、ファン以外にはまったくアイドルグッズには見えず、この頃からグッズをカジュアルに普段使いするアイドルファンが増えてきた。

そうしたアート性の高いアイドルグッズを空間デザインにまで発展させたのが、新曲発売時に頻繁に設営されるポップアップストアだ。なかでも先を行っていたのが、2013年8月に開催されたEXOのポップアップストア「BWCW（BOY WHO CRIED WOLF）」だと思う。新アルバム発売を記念して、収録曲の「Growl」をモチーフに複数のアパレルブランドとコラボしてグッズを販売する期間限定ストアだった。ソウルにある3階建ての一軒家を改造して作られ、当時のニュース記事によれば、ローンチ後わずか4か月で20億ウォン（約1億4700万円）を売り上げ、1か月平均でなんと5億ウォン（約3670万円）を記録している。[※23] 興味深かったのがこのために広告をいっさい打たなかったという点で、来

f(x)とSHINeeの公式グッズであるピンバッジ。MVに登場したアイテムを連想させるモチーフで、ファンにはわかるポイントをグッズ化し、普段使いできるおしゃれさも実現していて人気だ。

客のほとんどがSNSの口コミを見て来たそうだ。

独自の色やロゴ、キャラクターなど、アイドルグループの世界観が反映された多彩なグッズ展開は、本人の美しい写真を見ること以上にアイドルの作り上げた世界に没入するためのひとつの鍵として機能する。MVに登場するアイテム、衣装やCDジャケットに使われているデザインを所有することで、アイドルたちの作り上げた世界を自分も共有している感覚になる。韓国でのポップアップストアを覗いて感じるのは、この「世界観の伝達」がもっとも重視されているという点だ。

日本でよく見かけるアパレルや食品のポップアップストアの場合は、ショッピングモールの一角に出店し、商品の内容や名前が遠くからでもわかるようにディスプレイされていることが多い。最近ではK-POPアイドルとコラボしたポップアップストアがSHIBUYA109などをはじめとする商業施設で頻繁に行なわれているが、あくまでグッズの販売という目的が先行していて（来るのはファンだから販促もする必要がなく、もはや物販の場にすぎないが）、大量のグッズが陳列され、グループ名が大きく入ったアイキャッチがあちこちに貼られている。どのアイドルであっても似たような形式で、広告代理店がポップアッ

※23　edaily「"EXO"コラボレーションショップBWCW…4か月で20億ウォンの"大ヒット"」2013年12月20日

プのディスプレイを画一的にパッケージ化しているのかと思う。

　韓国ではコンセプトにふさわしい場所をその都度選定し、必要とあらばいちから建設したりしているのだが、空間の広さに対して商品陳列スペースはわずかだ。ティザーで仕込み、MVやパフォーマンスで表現してきたアイドルと楽曲の世界観を、今度はファンが3次元でリアルに体験できるように、MVのセットをそのまま再現したり、CDのアートワークで使われている小物やモチーフをレイアウトするなどして、空間に緻密に落とし込んでいる。ライブでも大事な収入源となるグッズの販促は欠かせないが、ポップアップストアで最優先されているのはグッズの売上よりも「世界観への没入」であり、目先の販売利益よりも特別な体験をファンにもたらしアイドルへのロイヤリティを高めてもらうほうが中長期的には有益だと判断しているのだろう。

　その後K-POPでは、SNSと連動したプロモーションによって話題になるポップアップストアが増えてきた。2013年、イ・ハイ[※24]は新曲の「ROSE」が公開された直後、日付と「たった1日　たった1回　そしてシークレット」と書かれた画像をツイ

2019年5～6月にSHIBUYA109にて、期間限定で開催されたSEVENTEENのポップアップストア。

ッターに突如投稿し、歌詞の内容に合わせて実際に江南《カンナム》にある花屋をポップアップストア化した。当日に店で配られたバラの「認証《インジュン》ショット」（証拠となる写真のこと）をSNSに上げるとシークレットライブに応募できる仕掛けを盛り込み、ティザー手法による謎めいた告知も相まって「イハイ　ローズ」が一時、NAVERリアルタイム検索ワードに浮上した。

２０１６年のWINNER・ミノとiKON※25・バビとのラップユニットMOBBの場合は、アルバム発売に際して、ポップアップストア、ゲリラライブ、クラブパーティ開催など、若者の街・梨泰院《イテウォン》を舞台にイベントを同時多発的に展開し、どれもV LIVEなどを通じて配信した。アパレルショップと見間違うポップアップストアはビルを改装して作られていて、オープン前には２人が店内の壁にグラフィティを描く様子を中継し、ファンの見に行きたくなる気持ちをくすぐっていた。以降、アイドル本人がポップアップストアからV LIVEを使って告知することが増え、MONSTA X、JBJ、ITZYなど多くのグルー

※24　イ・ハイ　ハスキーでソウルフルな歌声のソロアーティスト。YGの派生レーベルHIGHGRNDを出て、ヒップホップレーベルAOMG入りを説得したという音楽プロデューサーCODE KUNSTとの兄弟のような関係に勝手に萌える。

※25　iKON（アイコン）　SINXITYさん曰く、ヒップホップが定着していた２０１５年の韓国で、怖くて強すぎないスタイリッシュなストリート系を狙って作ったネオ・ヒップホップグループ。２０１８年の「LOVE SCENARIO（ラブシナ）」は、誰もが当時ヒットしていたと頷く国民的楽曲。

プがあとを追った。

近年ではやはり2019年に作られたBTSの「HOUSE OF BTS」が印象に残っている。これは見に行く前に周囲から「エンタメに関わる人間は全員見に行ったほうがいい」と聞いていたが、噂に違わないポップアップストアだった。アルバムでもなく、商品でもなく、アーティストのアニバーサリーイヤーでもなく、ただ単に〝アイドルグループのポップアップストア〟というのが新しい。約4か月間ソウルの江南で行なわれていたが、オープン当初は入場まで4時間かかったときもあったという。私が行ったのも、オープンから1か月半後の雨の平日だったが、整理券をもらって入場できたのがそこからさらに1時間半後であった（列には海外から来た人たちもたくさん並んでいた）。

1棟を丸々ポップアップのために設営したその建物は、地下1階から地上3階まで「Boy With Luv」という曲のイメージカラーであるピンクで装飾された広大な空間だった。地下のショールームではグッズを販売し、地上階では5曲のMVに登場するセットがそれぞれ設置され、BTSの世界を五感で体験できる。入口には

「HOUSE OF BTS」の1階にはBTSのMVに登場したネオンサインがカラフルに光っていた。地下のグッズ販売コーナーから入場し、上階の体験エリアへと上っていく導線になっていた。

これまでの楽曲タイトルのネオンサイン、屋上には巨大なペンライトを模した撮影スポットを作るなど、ＳＮＳで共有したくなるような「映え」スポットをあちこちに仕込んだ。

ポップアップはアイドル本人が動かなくてもファンとイメージ共有できる場として有効なので、海外でも同じ内容で開催されることが多い。「HOUSE OF BTS」はその後、Big Hitエンターテインメント[※26]が直接メキシコシティと東京・大阪・福岡の４都市にパッケージごと輸出し、韓国・メキシコ・日本の３か国合わせた月間動員数は40万人にも上った。BTSは２０２０年10月にはヨーロッパとアジアの一部を対象としたオンラインストア、同年11月にはソウル、東京、シンガポールの３都市に商品の一部が直接手に取れる実店舗をオープンし、コロナの影響でツアーが中止になって落ち込むファンのために、オン・オフの両方でポップアップを開催した。

グッズ販売だけに焦点を絞ると既存のファンに向けたイベントになるが、そこに空間体験の楽しさが加わることで「映え」によるＳＮＳ拡散が促され、ファン以外の人たちへのリーチを可能にする。その場合グッズは、テーマパークへ行った記念品のように体験を記

※26　Big Hitエンターテインメント　ＪＹＰエンターテインメントの元プロデューサーであったパン・シヒョクが２００５年に創設し、BTSやTXTらを輩出した。２０１９年にはファンコミュニティ、ＥＣ、ライブストリーミングを備えた独自のオンライン・プラットフォーム「Weverse」を立ち上げた。

録する意味が強くなる。もはや期間や場所の限定だけで物の価値を高めるのでは一時的な利益を出すことにしかならないなかで、Ｋ-ＰＯＰのポップアップストアでは、ファンの記憶に残る非日常的な体験をどれだけ与えられるかが常に考えられている。

3

ファンが自ら「広報」に変わる仕掛け

推しのためだけに存在する共同体：ファンダム

韓国では、ファンに「〜の勢力範囲」という意味を表す接尾辞「ダム（-dom）」を付けて、ファン全体のことを「ファンダム」（韓国語では「ペンドム」）と呼ぶ。Ｋ‐ＰＯＰに限らず、アニメやゲーム、スポーツなど、特定の対象を熱狂的に愛する集団やその集団の状態・性質を指す広い言葉だ。

韓国のメディアでも一般的に使われ、昨今のＫ‐ＰＯＰの隆盛の影響からか、その言葉からは真っ先にＫ‐ＰＯＰファンが連想されている。アイドルファンのことを単に「ファンの皆さん」と呼ぶ日本と比べても、領地を表す「ダム」が呼称に加えられ、芸能事務所から独特の名前と色が与えられるＫ‐ＰＯＰのファンダムは、個々人ではなく集合体の意味がより強調されている。そのファンダムは、与えられたコンテンツをただ受容する消費者ではなく、自らアクションを起こして連帯するコミュニティとしてのイメージが強い。

その象徴となっているのがおそらく、BTSのファンダム、ARMY（アーミー）だろう。BTSは2017年頃からその世界的人気が注目されるようになり、同年5月、ビルボード・ミュージック・アワードで「トップ・ソーシャル・アーティスト賞」を受賞した。賞が新設されて以来6年間ずっとジャスティン・ビーバーが受賞していただけにインパクトも大きく、続けて11月にはアメリカン・ミュージック・アワードに韓国のグループとして初めて招待され、「ジミー・キンメル・ライブ！」「エレンの部屋」「ザ・レイト・レイトショー・ウィズ・ジェームズ・コーデン」といったアメリカの人気テレビ番組にも立て続けに出演している。

BTSが受賞したトップ・ソーシャル・アーティスト賞は、各SNSでのフォロワー増加数やクリック数、ストリーミングデータなどを分析したインターネットでの影響力をもとに、ハッシュタグ投稿や特設ページからの投票数を合算し決定する賞だというが、国内チャートのために日々スミンをして鍛えられてきたK-POPファンダムのARMYからすればこの審査基準はお手の物だ。海外ファンと上手に一体化していたのも受賞の鍵だったように思う。たとえば韓国ファンが寝るような時間になると、「じゃあ交代ね！」と海外のARMYにバトンタッチし、時差を利用したシフト制でスミンを協力し合っていた。

他にも、K-POPアーティストがたびたび進出を挑んでは挫折し続けていた難攻不落の市場アメリカでの、ARMYによる自主的プロジェクト「@BTS×50states」にも驚いた。これはアメリカのARMYたちが同国50州のラジオ局にBTSの楽曲をリクエストして広める活動を中心にしたプロジェクトだ。40人以上いる共同管理人が運営するツイッターはフォロワー21万人（２０２１年１月時点）を有し、日々リクエストやストリーミングに関するお知らせをしている（ＤＪに差し入れをしていたこともあった）。２０１２年に海外でも大ヒットしたPSY[※1]の「江南《カンナム》スタイル」は、アメリカでのラジオ放送回数のスコアが良かったのでビルボード・ホット１００で一気に２位に押し上がったのだが、そのことを知っていた「@ BTS×50states」が連帯を呼びかけ（もちろんこの活動だけが要因とはいえないが）、結果的にBTSも２０２０年９月、「Dynamite」で韓国アーティストで初めてビルボード・ホット１００で１位を獲得した。

「BTSの爆発的な人気は一体なぜ？」と昨今さまざまなメディアで問われているが、２０１８年、Ｋ-ＰＯＰアーティスト初のビルボードトップ10入りは、すでに世界各地に存在していたARMYが大衆にもたらした影響を可視化した。BTSはユーチューブやＳＮＳなどのニューメディアを介して大手マスメディアも無視できない巨大なファンダムを形成し、遂にはアメリカの地上波番組からも出演依頼をされるようになった。ＳＮＳ誕生以前は、テレビ放送によって人気を得たグループがその「大衆性」によって強いファンダムを得ていたとすれば、現在は強いファンダムを持つグループが「大衆性」を生む時代になっているようだ。

ネットを活用して国境の壁さえも乗り越え、いまや世界中に多くのファンダムを築いているK‐POPには、いち消費者を自ら能動的に動く「広報」へと自然に〝成長〟させる仕組みが多数用意されている。ファンをファンダムの一員へと変えるその独特な仕掛けを見ていこう。

世界をひとつにした動画コミュニティ：ＶＬＩＶＥ

K‐POPファンなら誰でもダウンロードしているお馴染みのアプリがある。NAVERが提供する動画配信サービス「V LIVE」である。２０２０年12月時点で、累積ダウンロード数は１億を突破し、２０１９年にBTSのメンバー Vが、公演後にホテルからくつろいだ様子を配信した映像は２０２０年までに5億回再生を記録した。V LIVEには多くのアイドルやタレントのチャンネルがあり、リアルタイムで日夜動画が配信されている。インスタグラムのライブ機能やニコ生、AKB48などのアイドルが使用している

※1　PSY（サイ）　意外と知られていないが、ボストン大学出身のおぼっちゃま。韓国の学園祭で実物が歌う「江南スタイル」を聴いたときは国歌かと思うほどの浸透率で、声量とライブの盛り上げ方はさすがの一言。現在はYGを離れ2019年に芸能事務所P-NATIONを設立。自らの足で所属アーティストの宣伝に走り回っている。

SHOWROOMや17 Live（イチナナ）のような配信コンテンツだと考えればイメージしやすいだろう。

V LIVEではMVを配信したり事前に制作した独自コンテンツを放映したりすることもあるが、アイドルがファンとコミュニケーションするリアルタイム配信がそのほとんどだ。音楽番組の授賞式やコンサートがあれば終わったと同時にその楽屋から、ラジオの仕事帰りに車の中から、夜中に遠征先のホテルから、はたまたアイドル自身の部屋から配信されることもある。

V LIVEの放送は何時間も行なわれることもあれば、逆に5分そこそこで終わることもあるが、いきなり始まることがほとんどで（ツイッターで予告することもある）、アイドル本人のそのときの状況や気分によって内容もタイミングも異なる。スマートフォンから視聴すれば、まるで寝る前にアイドルとダラダラ長電話をしているようで、何かを取りに少し離席した画面が流れ続けることもあれば、一緒に移動のお伴をすることもあって、まさしく「恋人感」が自然と演出されているのだ。

これは日頃から親しい人と頻繁に電話する習慣がある韓国人には、響く。そして簡単にはアイドルに会いに行けない海外のファンにとっても、異国の推しと明確な目的を持たずに時間を共有する体験は、パッケージ化されている番組やコンサートよりもむしろうれしい。V LIVEは、イメージ作りが完璧に統率されているK-POPアイドルが、事務所のコントロールから外れた素(オフ)の部分を垣間見せてくれる貴重なコンテンツになっているのだ(ただ、V LIVEでの「オフ」も実際は管理されているので「かぎりなくオフっぽいオン」をファンに提供するよう作り込まれているのかもしれない)。

話す内容もバラエティ番組のように段取りが決まっているわけではなく、全然盛り上がらないこともあるし、無言の時間が流れる場合だってある。きちんと設計されたコンテンツではないため、メンバー全員が揃っている必要がなく、時間の空いたメンバーが突発的な配信をする。ファンたちはアイドルに「今日は何を食べたの?」「髪型変えた?」「最近どんな音楽にハマってる?」と友達のようなコメントを投げかけながら何気ない会話を楽しむことができる。アイドルがかわいいパジャマ姿でメンバーと布団の中でゴロゴロしながら放送する「ヌッパン」(눕방/「寝ながら放送」の略語)も2016年にV LIVEから誕生し、いまや定番コンテンツとなっている。

放送終了後にはほとんどの動画がアーカイブされ、高画質動画を有料でダウンロードできるV LIVE+も提供されている。通常こういった動画コンテンツは「後で見られるから今はいいや」と、アーカイブさえも忘れられてしまうことが往々にしてある。だが、V LIVEはアイドル自らがファンからの質問に答えてくれる「コメント認知」が一種のイベントと化しているので、ファンはできるだけ通知をオンにしてリアタイ（放送時間に視聴）する。だからアイドル側も、学校や仕事が終わった後の（韓国時間の）夕方から夜中の時間帯を狙って配信する。

そんなファンとアイドルをつなぐV LIVEの機能に「ハートボタン」がある。動画を見て芽生える推しへの気持ちをひたすら指でタップしてハートに代えて飛ばすというものだ。画面の左上には常にハート数のカウンターが表示されていて、コメントだと少しハードルが高く感じられる推しへの応援を気軽にできる。このV LIVEのハート数はアイドルの人気の指標でもあり、1時間足らずの動画で何億ハートも達成するとニュースになることもある。2020年には、V LIVEでSUPER JUNIORのオンラインコンサートを見た全世界12万3千人の視聴者が28億5千ハートという凄まじい数字を叩き出した。コメント認知だけでなくハートボタンも、ファンがリアルタイムで視聴したくなるような仕掛けがある。

2015年に始まったV LIVEの企画開発にも携わったSINXITYさんに誕生のきっかけを聞いた。「グループが有名になるにつれて世界中にファンができる一方で、どの国のファンであっても根底にあるのは、もっとアイドルと近づきたい、コミュニケーションしたいという心理だ。しかし、昨今のようにオンラインコンサートが一般化する前は、海外のファンはなかなか気軽にコンサートや番組観覧に行けず、韓国のファンと同様にリアルタイムで楽しめるコンテンツは多くなかった」

そういったなかで、配信プラットフォームの地域制限なしに世界中のファンがひとつのコミュニティやチャンネルに集まり、言語の壁なしに同じコンテンツを楽しみながらアイドルとコミュニケーションが取れれば、海外のファンと韓国のファンとのあいだにあるギャップは埋まる。そう考えたため、V LIVEは当初からリアルタイムで英語字幕が付けられ、SNSと連携してアカウントを作ればほとんどのコンテンツを無料で見ることができた。そんなグローバルファンクラブともいえるサービスを実現できるほどの大容量のサーバーを持てる会社が韓国にはNAVERしかなく、当時YGの会長だったヤン・ヒョンソク氏が開発をお願いしたところからこの配信サービスがスタートしたという。YGの目論見通り、V LIVEは2020年時点で利用者の85%が海外ユーザーというグローバルプラットフォームに成長している。

V LIVE開始の年にはアメリカのPeriscope（ペリスコープ）、台

2020年10月にデビュー1周年を祝して生配信されたSuperMのV LIVE画面。視聴者が右下のマークを連打しハートの合計が1億回に到達すると画面にお祝いのエフェクトが現れる。

湾の17 Liveといったライブ配信サービスも始まったが、どれも著名人に限らず一般ユーザーも使える仕様で、V LIVEのみがチャンネルを持つ芸能人の配信に特化している。日本のように有料ファンクラブ内で配信したり、アーティストによってプラットフォームがバラバラだったりするのではなく、K-POPアイドルであれば誰でもV LIVEチャンネルを開設するので海外ファンには仕組みがわかりやすく、いつアプリを開いても誰かが配信している楽しさがある。

ティザーにも通じることだが、K-POPにおいてはマルチメディアを活用した仕込みによって、リリースに向けてお祭り感を醸成するのがとても上手である。V LIVE開始当初、BIGBANGが新曲MVの公開時間に合わせてV LIVE上でカウントダウンを行なった企画もSINXITYさんが発案したが、これものちのちさまざまなアイドルが行なう王道企画になった。新曲公開の瞬間をアイドルと一緒に味わうのはまさにリアルタイム性を活かしたもので、事前収録したアイドルのコメントを放送するテレビ番組を見るのとはファンの熱量も違ってくる。

大事な瞬間だけでなくメンバーの普段の姿もシェアされるのはファンにとってたまらないことだが、そのためにどこまでアイドルに日常の切り売りをさせるのか、といったモラル的な課題も挙げられる。けれど、V LIVEのもたらしたアイドルの「親近感」が海外ファンとの物理的な距離を近づけ、遠くにいる彼らのファン離脱の防波堤にもなっていることは間違いないだろう。

公式を超えるDIY字幕：ファンサブ

V LIVEがK-POPのファンダム拡大に功を奏したのには、VPN（仮想的なネットワーク）につながなくとも海外からアクセス可能なことに加え、「ファンサブ」の存在が大きい。「ファンサブ（fansub = fan-subtitled）の略」とはつまり、ファンが付ける字幕のことである。日本の著作権法では著作者以外の者が著作者の許可を得ずに著作物を翻訳したり脚色を加えることが禁じられており、日本のドラマやアニメに無断で字幕を付ける「ファンサブ」行為は長らく問題視されてきた。しかしその一方、無許可の動画（いわゆる海賊版）には勝手に字幕が付けられて海を越えて拡散し、それが世界中にファンを生み出したのも紛れもない事実である。これを逆手に取り、ファンによる地道な活動をうまく取り込んでバイラルマーケティングの駆動力としたのがV LIVEだ。

V LIVEはもともと、全体の8割を超える海外在住のユーザーのために、サービス開始当初から英語、中国語、ベトナム語、タイ語、日本語など複数の言語でのリアルタイム字幕機能を備えていた。そこに、「V Fansubs」という機能が開始2年後の2017年から加わり、誰でも簡単に配信に字幕を付けられるようになった。リソースも限られ、翻訳されたコンテンツをまだそれほど持っていない新しいアーティストたちのために、ファンサブ機能が海外市場を切り拓く、とリリース時にV LIVE側が述べていた通りだ。

操作方法の細かいチュートリアルや翻訳ガイドラインが用意されており（たとえば、キムチチゲのような韓国特有の語彙は「kimchi jjigae（キムチ煮込み）」とローマ字表記にしたうえで、カッコ内に意味を補足するようにと細かく求められている）、先に翻訳された言語を参照スクリプトとして使えるので、韓国語ができなくとも、たとえば英語訳からさらに他言語へと重訳することも可能だ。V LIVEのコンテンツには付ける主体によって3種類の字幕がある。公式が前もって用意している公式字幕、自動翻訳機能で付けられるリアルタイム字幕、そしてファンによるファンサブである。

公式字幕は主に放送局とのタイアップで作られるリアリティ番組などに付いており、生配信に付けられていることは少ない。翻訳APIによって機械的に付けられるリアルタイム字幕は生配信にもすぐに追いつくスピードだが、固有名詞が登場すると文章がおかしくなってしまう。他方、ファンが手作業で付けるファンサブは生配信の後から付けられることも多く、プロではないので完璧とはいえないのかもしれないが、最大の利点はファン目線での翻訳だ。ファンにしかわからない知識や前提情報が直訳ではなく独自の言い回しで表現され（たとえば、BTSメンバー・Vの愛称「テテ」、SEVENTEENのトラ好きのホシがよく使う「ホランへ（ホランイ＝トラ＋サランへ＝愛してる）」といったお馴染みのフレーズなど）、同じファンダムにいる者同士としては、むしろプロの整った翻訳よりもアイドルの発信を身近に感じられる。

V Fansubsの特徴は、語学ができなくても「タイムバー」の調整過程に参加することでファンコミュニティに貢献できることだ。字幕を付けるとき、通常は機械が映像の音声を認識して、翻訳者が字幕を入力するテキストバーが自動で生成されるが、声が小さかったりするとバーの長さや数の調整に意外と手間も時間もかかる。その部分を担うことで、翻訳者の手助けができるのだ。

翻訳自体もファンのあいだで分担してその都度保存ができるシステムが整っている。そのため、アイドルグループごとに各国ファンがチームを作って翻訳している場合もあり、その活動量に応じてV Fansubs内の「ベストチーム」欄に順位が公開されている。個人でも「ベストメンバー」として称えられるが、推しの動画の冒頭にきっちり翻訳者がクレジットされるので、チームとしての達成感はさらに大きく、好きなアイドルの魅力を世界中に広めるという使命感から身を削って翻訳に勤しむファンは多い。

言語の壁はファンに「外注」して取り払う

人気のアイドルグループともなればV LIVE内のファンサブ作成者の数も多く、BTSの場合59言語、EXOの場合58言語に翻訳されている。V LIVEの配信から字幕が付くまでの速さと、翻訳言語数の多さが、そのアイドルの人気のバロメーターにもなっているわけだ。NAVERは2016年にすでに、英語、タイ語、ベトナム語、簡体字中国語、繁体字中国語、日本語、スペイン語、ポルトガル語、インドネシア語の9言語のリアルタイム字幕機能により、ユーザーの約94%が言語の壁なく視聴できるようになると発表しているが、ファンサブではさらに多くの言語がカバーされ、また同じ言語でも翻訳者によるバージョン違いが楽しめる環境が整っている。事実、2020年上半期で、V LIVEの累計ダウンロード数は1億件を突破し、その85%が韓国以外の海外ユーザーで、さらにそのうち84%が24歳以下だという。※2

V LIVEの運営元のNAVERは日本でも評判が高かった「NAVER辞書」を展開していることでも知られているが、V Fansubsで世界中のユーザーがインプットしていく膨大な生の語彙は言語のビッグデータとして吸い上げられ、「Papago」などの自身が手がける諸語学ツールの精度アップにも貢献している。NAVER辞書に新しく追加された「V LIVE字幕」という機能で単語を調べると、V LIVE動画内の字幕が例文として表示され、「動画を見る」をクリックするとその単語を話している動画の該当場面にジャンプすることができる。

つまりファンサブが実際の使用例とともに語学ツールとしても活用されているということで、V LIVEに字幕が供給されるかぎり、その事例と精度は上がっていくことになる。V LIVEの配信者であるアイドルも受け手のファンも10〜20代が大半であることから、NAVER辞書には若者のあいだで流行っている新造語なども収録されている。V LIVEによって若者の語学学習のスタイルが「教科書には出てこない生きた言葉を、K-POP動画を見ながら学ぶ」へと変化するかもしれない。

NAVER日本語辞書のV LIVE字幕機能。「인싸《インサ》（陽キャ）」と検索すると、実際にV LIVE動画で使われているフレーズが31例、英語と日本語に翻訳されて出てくる。

※2 ソウル経済「〝オタク必須アイテム〟NAVER V LIVE、1億ダウンロード突破」2020年12月28日

V LIVEのようなファンサブは他のプラットフォームへもどんどん拡大されていて、同じNAVER傘下の「Webtoon」という大手ウェブ漫画サイトにもこのファンサブ文化が活かされているのが面白い。Webtoonは「Webtoon TRANSLATE Beta」という公式のファンサブサイトで、V LIVE同様にファンが直接、漫画の吹き出しに翻訳を書き込めるシステムを整えている。今では掲載作品が日本の「LINEマンガ」で日本語で読めるようになってきたものの、私自身中断された連載の更新が待ちきれなくてWebtoonのファンサブを頼りに読んだ漫画も数多くある。

漫画でもアイドルでも「言い回し」や「話し口調」のような微妙なニュアンスの表現は、キャラクターやアイドル本人のパブリックイメージに直結するため、本来ならば公式側が信頼のおける翻訳者に依頼し細かくチェックする必要があるが、そこを思いきって、ファンの好きな気持ちを信じて任せるという判断は素晴らしいと思う。現に、釜山《プサン》出身のアイドルの訛りを関西弁に置き換えるなど、本人の元の言葉の雰囲気を再現しようと工夫されたファンの翻訳によって、逆にパブリックイメージが向上している例もちらほら見られる。

とはいえ、本来お金を払って制作しなくてはならない字幕をファン任せにしていることに対して疑問を呈する声もある。実際に2019年、アジア各国の首脳が集まった「韓・

ASEAN文化革新フォーラム」で、Big Hitエンターテインメントのパン・シヒョク代表が「BTSが成功した理由」の一因としてコンテンツ字幕を挙げたが、ファンの翻訳頼みで世界進出できている現状にあぐらをかいていると捉えられ、地道にその翻訳をしてきた海外ファンから批判が殺到したこともあった。けれど、ファンの情熱をただ利用するのではなくシステムとしてうまく消化しているのがV LIVEのようだ。

V Fansubsには、字幕に貢献したファンは作業数に応じてユーザーレベルが上がり、ファンダムへの貢献度を可視化できる階級バッジやV LIVE内での有料コンテンツ視聴に使用できる通貨「V COINS」が与えられるといった、昇級・賞与システムが存在している（タイムバーの作成に貢献したファンも同様に、バー作成数に応じてバッジが付与される）。過去に、アラビア語のファンサブでもっとも貢献したファンがBOYFRIEND※3とビデオ通話するといった企画もあった。

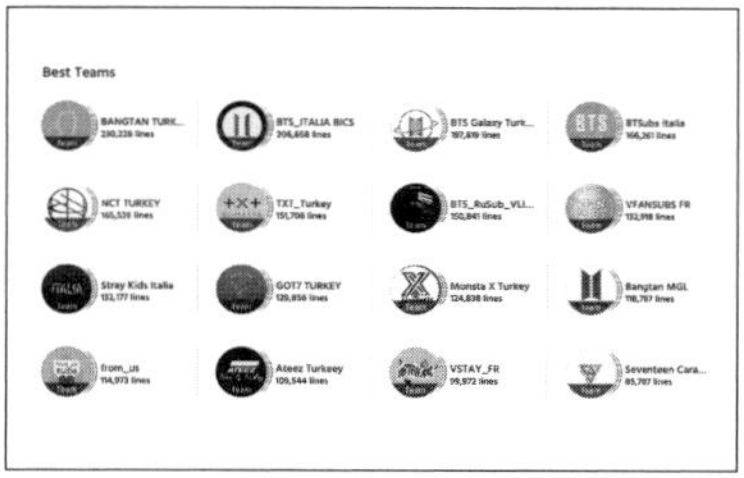

V LIVE内では、翻訳とタイムバー作成の作業量に応じてベストチームが公開されている。世界一のファンサブチームは約23万行翻訳していて、トップ勢にはトルコのチームが目立つ（2020年12月時点）。[V Fansubsより]

今まで文化コンテンツの海外輸出には言葉の壁が常に立ちはだかり、多くの企業が予算と労力を充分に割けずにいたなかで、水面下でファンがこっそり行なってきた手作り字幕を、公式側が大胆にも推奨する方針に転換したその柔軟さがK‐POPのグローバル戦略そのものではないだろうか。コストを抑え、海賊版の代わりに公式映像の再生回数を上げることができ、さらに世界規模での同時性を実現できる「公式ファンサブ」の文化は、V LIVEが立ち上げ時に掲げていた「アイドルと世界中のファンが直接交流できるフラットなコミュニティ」を可能にし、K‐POPファンダムのグローバルな拡大を成し遂げた。今後もさまざまなプラットフォームで、ファンの手によって言語の壁は切り崩されていくように思う。

代わりに営業してくれる社外広報：ホームマスター

ジャニーズ、宝塚、2・5次元舞台、声優、LDH、そしてK‐POPなど、さまざまなファンダムを経験した人に好奇心で、「K‐POPの良さは何だと思うか？」と意見を聞いてみたことがある。答えはまさしく「布教のしやすさ」で、気になり始めてからハマってしまうまでのあいだに、動画や画像がツイッターやユーチューブなどの媒体を通して手軽に好きなときに、しかも限りなく見られることが一番の良さ、とのことだった。これは公式やメディアが供給する各種コンテンツにも当てはまることだが、それに加えて、K-POPならではのファンダムの「広報」が「布教」素材の豊富さを支えていると思う。

K-POPファンの中には「ホームページマスター」（略称は韓国では「ホムマ」、日本では「マスター」）と呼ばれる人々がいる。その名の通り、アイドルのコンサートや会場入りの様子を自ら撮影し、レタッチや色調補正などを加えた写真や動画を私設ファンサイトやツイッターにアップする人を指す。なかには一体いつ仕事や学校に行っているんだ？と疑ってしまうほど、アイドルの連日のスケジュールを把握して撮影している人も多い。

聞けば、ジャニーズファンのあいだにも「闇写《やみしゃ》」と呼ばれる非公式な隠し撮り写真を販売する専門店が存在しているというが、K-POPの場合、それがあからさまにネット上で公開されている具合だ。ライブ中のパフォーマンス映像だけではなく、テレビ局やライブ会場に入るときの「出勤写真《チュルグン》」や、海外での予定へと向かう「空港写真《コンハン》」も多く、いくら肖像権の扱いが日本よりもゆるいとはいえ、ファンのマナーとしては完全にグレーゾーン

※3　BOYFRIEND（ボーイフレンド）「みんなの彼氏」という爽やかなコンセプトで活躍。キャッチーな2011年のデビュー曲の「ナンノエ（僕は君の）Boyfriend」というフレーズは有名。第2世代のK-POPでお決まりだった彼女役とのじゃれあいシーンが挿入されるMVで真っ先に思いつくグループのひとつ。

であり、ホムマの活動を完全に認めるのは難しい。2020年12月には、これまで映画館のみで禁止されていた録画行為が、コンサートやミュージカルなどの舞台公演でも禁止されるよう韓国で「著作権法改正案」が発議され、拡大するホムマ文化を取り締まる動きが少しずつ出てきている。

とはいえ、K-POP界で長きにわたってホムマの存在が黙認されている理由には、それだけ能動的な広報者としての役割が認められているということでもある。当然ながらホムマも基本的にはアイドルメンバーを追いかけるいちファンであって、公式や事務所の目線では捉えられないファンならではの審美眼とその角度によって、ファンが求めるメンバーの画像や映像をこまめに勝手に発信してくれる。したがって、事務所からすると良質な無料広告塔という見方もでき、そのメリットは大きいのだろう。発信力の強さは桁違いで、驚くことにたとえばBTS・ジョングクのホムマのフォロワー数は190万人にも及ぶ。2019年には、ホムマの女性を主人公にした「彼女の私生活」というドラマが放送されていて、韓国ではすでにお馴染みの存在となっている。そんなホムマがいまや韓国人に限らず、日本や中国からの留学生や海外在住者にも広がっているのだ。

今でこそMnetをはじめとした放送局がメンバー一人の動きだけにフォーカスしたチッケム(↓95ページ)をユーチューブで公開しているが、もとはといえばこれもホムマから派生した文化である。特に有名な話だと、２０１４年に「Up& Down」を歌うEXIDのメンバー・ハニのチッケムをとあるファンが撮影してユーチューブにアップしたところ（カムバック期間中にはふるっていなかった）、リリースから３か月経って音楽番組で１位を獲得するという異例の事態となり、「チャート逆走行」という言葉を生み出すほどのヒットになった。その動画は２０２１年１月現在で３３７０万回再生を記録しており、ハニの知名度アップやグループ全体のヒットをもたらしただけではなく、チッケムが広まるきっかけにもなった。日本でも福岡でのイベントを撮影したファンの「奇跡の一枚」が橋本環奈を国民的女優へと導いたという同じような事例がある。

　ファンにとっては推しの最新の姿やオフショットが見られるホムマのコンテンツだが、新たなファンを掘り起こすポテンシャルを兼ね備えていることもわかる。同じアイドルのホムマでも、面白いのは撮り方や編集方法にそれぞれ個性があることで、この人のレタッチが好き、公式よりも推しの魅力を引き出している、メンバーのことを知らなかったけどタイムラインに流れてきた映像でファンになった……

K-POP イベントに集まるホムマの様子。高級機材を構える女性たちは、「大砲ヌナ（お姉さん）」とも呼ばれる。キヤノンの望遠ズームレンズ（EF70-200mm F2.8L IS II USM）を使用する人が多い。

といったファンの声からもわかるように、なんとホムマ自身にファンが付くことも多い。

その写真クオリティはもうプロさながらで、「大砲《テポ》カメラ」と呼ばれる、いかつくて長い望遠カメラ（一体いくらするのか……）と三脚を抱えてホムマ現場に現れる。それが1人や2人ではなく、1グループにつき何十人、何百人といるのだからすごい世界だ。韓国だとサイン会やファンミーティングなどの公式イベントでは自由な撮影が許されている場合もあるが、コンサートは日本同様に撮影禁止の場合が多い。そんな状況下でも撮影を続けるホムマがスタッフに追い出される壮絶な現場を目にしたことがある人もいるはずだ。退場を命じられる前提で予備チケットを数枚所持していたり、集団になって撮影者を隠すように立ったりするなど、私も韓国でたびたびホムマの決死の撮影現場を目にしたことがある。もちろん違反行為は違反行為だが、日本に比べるとかなりネット上の取り締まりがゆるく、自分が行けなかったコンサート映像が当日アップされていたりするのは、日本ではなかなか考えられないことだ。

個人での推しグッズ制作を可能にするインフラ

2020年初頭、韓国でK-POPのコンサート会場に行った際、実際にホムマをしているファンの人に、ネットにはなかなか出てこない活動の実態を直接聞いてみた。すると、人気グループの場合は何人かで運営していることもあるが、基本はオタ活の延長で1人で活動していて、最初は誰もが資金ゼロからスタートするという。とにかく公式スケジュールを常にチェックし、たとえば公演の日程が発表されると前後のスケジュール情報から逆算して、現地入りは前日の夜ではないかとだいたいの予測をし、空港で張ると話していた。

ホムマは「全ステ」（全公演通うこと）が基本で、そのチケット代はもちろん、海外公演となると渡航費やホテル代もかかる。その資金源はと尋ねると、活動の必要経費はグッズの販売で補っているという。ホムマは写真や動画を撮影してネットに公開するだけではなく、自分の撮影した素材で推しの展示会を開きグッズを作成している場合が多い。よくあるのはスローガン（推しの名前と顔が大きくプリントされた紙や布）、うちわやトレカで、コンサート会場で配布・販売しているが、デザイン性がかなり高く、公式グッズといわれても疑わないクオリティのものが多い。アイドル本人をデフォルメした持ち歩きサイズのぬいぐるみなども人気で、イラストが上手なファンにデザインを頼んで作ったりもしている。

もともと韓国にはこのような多種多様なグッズを小ロットで安く作ることのできる町工場が多く、ネット上でデザインが購入できる「コミッション」という個人間のシステムなど、グッズの自作に適した環境が整っている。私も韓国にいたときに「ネットでデザインを売れば?」と言われたことがあって驚いた記憶があるが、デザインをテンプレートとしていくつも販売しているのは、オリジナルグッズ制作用に購入するアイドルのファンのニーズがたくさんあるからだ。

コミッションとは、デザインのテンプレートと基本価格を個人ブログやツイッターなどを通じて掲示し、希望者は直接連絡して購入する販売のシステムのことだ。たとえば、ホムマの自作写真集やファンが書く小説向けのカバーデザインなどが何種類も公開されていて、購入すると売主のデザイナーが文字入れしてデータを渡してくれる。修正回数は2回まで、などと料金の範囲内であれば自分の用途に合わせてデザインをカスタマイズしてもらえる(デザインが上手なホムマは全部一人でまかなうことも)。日本にもコミッションはわずかにあるが、販売しているのはデザイナーというよりもイラストレーターで、受注制作型の一点ものが多い。

話がそれたが、最近K-POPにハマって間もない人がコンサートに行って、「会場でいろんな人から手作りのグッズをもらってびっくりした」と話していた。私は慣れっこになってし

クリエイターが作品を販売できる「POSTYPE」のコミッションページ。ホムマの写真集によく使われるカバーデザインが売られていて、たとえば、書名のカリグラフィ変更は基本料金に3000ウォン追加すればできる。

まっていたが、ファン一個人がオリジナルグッズを自作して販売しているのも、さらには販売どころか配布しているのも異様な光景なのだった。このファンによるグッズ配布文化は、昔ファンサイトの管理人がサイトの読者たちに会場で配布していたのが起源だと噂に聞く。

以前行ったSuperMのアメリカのコンサート会場（2020年）でもファンが公演前に会場でスローガンや手作りのグッズを配布していて、韓国特有のファン文化がK-POPとともに海外にまで広がっているのを実感した。今は日本でも、手軽に自分好みのグッズが作れるという韓国発アプリ「snaps」がアイドルファンに人気だ。ソフトを使ってデザインデータを一から作成する必要はなく、フォーマットから選んで画像加工や文字入力できるなどアプリ上ですべて完結する。缶バッジやスローガンの制作ロットもひとつから注文できるのが個人にはうれしく、1週間以内に手元に届く。

大手ホムマになるとグッズ以外にも年に1～2回、これまで撮り溜めた出勤映像やチッケムにプロ顔負けのレタッチと編集を加えてDVDにまとめ、さらにカレンダーや立派に製本されたフォトブックを合わせたセット（「シーズングリーティング」と呼ばれる）を発売することもあり、世界各国の購入をそれぞれ取りまとめる担当のファンがいるほど、販売の規模は大きい。それだけ売れたら収益がすごいことになるのでは？と思うが、実際のところはホムマ活動にかかる費用とトントンで、売上はすべての活動を追いかける渡航費に消えていくとのことだった。ホムマはあくまで自分の推しを広める活動が軸足なので、グッズ販売や展示会によってすごく儲かってしまうことに対しては他のファンの目も厳しく、売り物の値段設定にも気をつけているようだ。なかには収支報告をきちんとネット上に公開するホムマもいて、余剰利益を投じて「応援広告」を公共交通機関に出したりしている。

　時間とお金と労力をかけて、推しをもっと広めるため、そして他のファンのオタ活を盛り上げるために活動しているホムマは、推しの脱退や不祥事、熱愛、自らの就職といったさまざまなきっかけで突然引退することもある。その際は通常、ホムマのSNSのアイコンやサイトの背景が黒くなり、プロフィール文は「REST」もしくは「CLOSE」と変更される。キャリアが長いホムマになると、最後に一言、推しへの想いを詩で綴るのも独特のカルチャーだ。たとえば、かつて熱愛が明るみになったINFINITE[※4]・エルのホムマは、活動最後の投稿に「前だけ見て走ってきたので、少し休みます。もっと輝く星になりたいと言っていたミョンス（エルの本名）。そんなあなたを輝かせるために、ファンたちはもっと深い闇になろうとしたじゃない？　なら、あなたはあなたをもっと大切に守ってくれなきゃ」と残していた。

ファンイベントも柔軟にオンライン対応

とはいえ、コロナ禍に見舞われた2020年は、コンサートやサイン会などのイベントはオンラインライブやオンラインビデオ通話（韓国では、「映像通話」を略して「ヨントン」と呼ぶ）に切り替わってしまった。当然、ホムマが現場で撮影した写真を見る機会もぐんと減った。そんななか、コロナで活動できないホムマを気遣ってカバーした、公式による「ホムマ」ごっこが見られたのである。

通常ホムマは、イベントで撮影した推しの高画質画像をアップする前に、スマホでカメラのモニターを撮影した「プレビュー」画像に自分のロゴと日付を入れ、速報としてツイッターなどに簡易的にアップする。ファンが楽しみにしているこの文化を踏襲し、オンラインサイン会終了後にStray KidsやTOO※5などのグループの公式ツイッターでは「架空のホムマ」が撮影したとして、わざわざホムマ名らしきロゴが入ったプレビュー画像を作

※4　INFINITE（インフィニット）　全員で1ミリもズレない、「99・9%のシンクロ率」といわれているダンスパフォーマンスが有名。K-POPのみならず韓国で定着した「指ハート」（親指と人差し指をクロスさせる）は、メンバーのウヒョンが2011年にやって流行らせた。

※5　TOO（ティーオーオー）　五行思想をコンセプトに、メンバーそれぞれに元素・色・方角が細かく割り当てられている。が、デビュー3か月後の2回目のカムバではあっさりと手放し、さわやかな夏らしいコンセプトで好評を博した。VLIVEでは珍しく各出演回がまとまった「メンバーズクリップ」がある。

成し投稿していた。グレーな存在ともいえるホムマを公式側が明らかに意識したコンテンツで、勝手に写真を撮ってアップし続ける彼女たちを一律で厳しく規制するのではなく、ときには水面下のファン文化に乗じてファンの心を掴む、その柔軟さには驚く。

時勢に合わせてフレキシブルに変化しているのはファンも同様で、いつも通りの展示会や配布イベントが開催できないなか、BTSやTWICE、Stray Kidsなどのいくつかのアイドルグループのホムマは「オンライン展示会」を開催していた。「exhibbit」という、オンラインでギャラリースペースを借りられるプラットフォームを使い、自分が過去に撮影した画像をそのバーチャル空間の壁面にレイアウトする。限定リンクのQRを載せた展覧会チケット画像、もしくはネットプリント用のコードをツイッターで配布したりする。展覧会用に作ったオリジナルグッズはGoogleフォームから購入可能になっていて、オンラインとオフラインを上手に使い分けている。ホムマの手法を取り込んだ所属事務所の対応の早さには目を見張るが、他にもオンラインサイン会での通話画面やオンラインコンサートのスクショをレタッチしてコンテ

公式アカウントによるオンラインサイン会の投稿。ホムマが撮影した仮画像を投稿するときと同じ「PREVIEW」という文面で、なんちゃってホムマのロゴも画像の右隅にしっかり入っている。[Stray Kids ツイッター(@Stray_Kids)より]

ンツの更新を続ける、「現場に行くことがすべて」のホムマの順応力もたくましい。

繰り返し述べるように、ホムマの存在はアイドルのプライバシーを侵害する可能性もあって全肯定できるわけではないが、公式からの供給の合間を縫うようにして与えられるホムマのコンテンツがファンの心を摑み、K-POPのファンダム拡大に多大な影響を与えているのは事実で、ホムマの活動自体が危ぶまれる状況のなかでもその方法論が進化しているのを見れば、K-POPのファン文化においてはもう切っても切り離せない存在になっているように感じる。

ファンが出資する応援広告：サポート

日本ではあまり馴染みがないが、韓国のファン文化では「サポート」も見逃せない。これはファンがアイドルを想って贈呈を行なうことだが、「プレゼント」とは違う。サポートとは、個人から個人へ贈られる物品というよりもアイドルの活動自体を支えることを目的とした広義の支援であり、アイドルを広く知らしめるために街頭広告を出したり、テレビ番組の撮影中にアイドルやスタッフ向けにケータリングフードを送ったり、大きな公演であれば盛大に花輪や米俵を贈る。いま思いつくままにいくつか挙げてみたが、これだけでも「え？　どういうこと？」という内容だと思う。

私も初めてこのサポート文化に触れたときはびっくりした（が、今では馴染んでしまったから不思議なものだ）。なかには個人で贈る人もいるが、サポートは基本的に複数人の有志によって行なわれることが多い。個人で実行するにはあまりに高額になるケースばかりだからだ。たとえば、いちばんポピュラーなサポートに「応援広告」がある。韓国に行ったことのある人は地下鉄の駅構内やバス停で目にしたことがあるのではないだろうか。私も韓国に旅行で来た友人に「この駅に貼ってある広告は全部ファンがアイドルの誕生日を祝って出しているんだよ」と説明して驚かれたことがある。

応援広告の種類はさまざまだが、推しの誕生日を祝う「誕生日（センイル）広告」と、デビューからの周年記念日を祝う「記念日広告」の2つが定番だが、宣伝目的ではないので、情報は最低限まで削ぎ落とされている。「170809」といった、一見ファンにしかわからないアイドルの思い出の日付とともに、推しの名前と広告を出したファンの団体名がおしゃれにデザインされていて、クオリティは企業が出した広告かと見間違うほどである。そして日本ではありえないが、ファンによる非公式の広告にもかかわらずアイドル本人の写真がでかでかと使われている。この写真は主に、サポートを取りまとめているホムマが直接撮影したものが使われる（実は韓国で働いていた雑誌社の写真が勝手に使われた広告に出くわしたこともあったが、上司に話すと、もうキリがないので気にしてられない、という感じだった）。日本なら肖像権で一発ＮＧになる案件だが、結果としてアイドルの宣伝につながっているため、事務所側の暗黙の了解で成り立っている。

特に誕生日広告は、推しのファンダムの規模を誇示するように、どんどん派手に大きくなっている。地下鉄駅構内やバス停を広告でジャックし、ラッピングバスを走らせ、カフェとコラボする、などというのは、韓国で暮らしていれば誰でも毎日見るといっていいほど日常に浸透していて、国内には応援広告を専門とする代理店もたくさん存在する。

カフェとコラボする誕生日広告というのは、カフェ内に一定期間推しの写真を飾ったり、お祝いの内装をしたり、ドリンクのカップスリーブを推しの誕生日を記したデザインに変えたりするというものだ。カフェ大国の韓国ではかなり一般化したサポート方法で、たまたま入ったカフェで頼んだコーヒーに知らないアイ

2019年11月にソウル・合井《ハプチョン》のカフェで3日間行なわれたSHINee テミンの誕生日広告イベント。ドリンクもしくはお菓子セットを注文するとオリジナルカップスリーブがついてくる。

ドルのスリーブがついているなんてこともしばしばある（こうした写真も基本ホムマの撮ったもの）。人気グループのメンバーともなればホムマも1人や2人ではないので、誕生日期間に同時多発的に開催されるサポートイベントがどこの駅やカフェで行なわれるのかわかりやすく路線図上にまとめてSNSにアップされ、このサポートめぐりを目的に海外から旅行しに来るファンも多い。

2014年頃はソウル駅でもまだ年間100件くらいだったアイドルの応援広告だが、当時隆盛だった整形外科の広告に対する審査規定が厳しくなったことから、その代わりとして2015年以降アイドルの応援広告がだんだん目立つようになった。ちょうど2010年代後半からはデジタルサイネージが導入され、時間によって他の広告と一緒にランダム表示される代わりに費用を抑えて長期間掲出できるため、ファンにとっての広告の選択肢も増えていった（2013年以降ファンからのプレゼントを受け取らないと多くの事務所が明示するようになってきて、プレゼント以外のサポートをファンが模索し始めたのも関係しているだろう）。

そんななか、応援広告が激増したのは2017年の「PRODUCE 101」シーズンがきっかけである。韓国発の「PRODUCE」シリーズはWanna OneやIZ*ONEらを輩出した国民的オーディション番組で、ファンが「プロデューサー」となってデビューする最終メンバーを「国民投票」して決める。一般人である練習生を応援するだけでなく、少しでも多く投票してもらうためにサポート広告が数多く打たれるようになり、この時期から、メッセージが書かれたポストイットで広告が埋め尽くされるのが大流行した。こうした公共の場に推しの「広告」を掲げれば、本人が直接訪れて「認証《インジュン》ショット」を撮ってくれる可能性もあるし、それがまた広告となる（PRODUCEシリーズに出演する練習生が家族とわざわざ見に行ってSNSにアップしていたこともあった）。

もちろんホムマ個人の資金力だけで、広告を出したり空間を貸し切ったりすることは難しく、サポートは多くの場合、事前にサポート予定の詳細とリターン内容を明示し、同じアイドルを応援するファンから資金を集めている。いわばクラウドファンディングのような手法だが、現在は多くの海外ファンも主催している。代理店に依頼して画像データを送ればデザインもしてくれて、韓国に行かずともサポートでき、現地ファンや旅行客が認証ショットをSNSに上げてくれるので、気軽にかつ派手に達成感が味わえるとして、海外からのサポートには公共交通機関への広告出稿がよく選ばれるようになった。地下鉄広告の20〜30％が海外のファンによる出稿というデータもあるようだ。

こうした誕生日広告はいまや韓国を飛び出し、世界でもっとも広告費が高いといわれているニューヨーク・タイムズスクエアのビル群にはこれまでにBTS、Wanna One、EXOといった多くのK-POPアーティストの応援広告が出されていて、1週間で

3千万円が相場といわれている広告費をファン有志が担うというのだから
すごいとしかいいようがない。そのタイムズスクエアですらK-POPファンにとってはお決まりの広告スポットになってきている。広告の出稿先はさらに日本にまで広がり、東京のユニカビジョンや大阪のツタヤエビスバシヒットビジョンは、世界のK-POPファンが広告を打つスポットとして定番化している。

人気グループともなればサポートの規模も破格で、EXOのメンバー・セフンの中国ファン連合は25歳の誕生日をお祝いして2018年に、ドバイのブルジュ・ハリファ、上海のグローバルハーバー、バンコクのスワンナプーム国際空港をはじめとして世界25か国の地下鉄、バス、カフェ、映画館、空港に広告を出し、誕生日当日のニューヨーク・タイムズ紙にお祝いの全面カラー広告を掲載した（これだけでも約2400万円）。2019年の誕生日にはさらにT'Way航空の機体から機内テーブルまでセフンの写真でラッピングし、飛行機一機をまるごとジャックした初のK-POPアイドルとして話題になった。

NYタイムズスクエアにあるトムソン・ロイター本社ビルはK-POPアイドルの応援広告の出稿先として有名。NCT・ウィンウィンの誕生日を祝ってベトナム、スイス、メキシコ、ペルーなど22か国のファンが出資した。[©KMinyi]

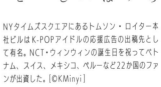

中国のファン連合（中国では「バー（吧）」と呼ばれる）は特に組織化されており、翻訳や経理、デザインなど、得意分野ごとに広告制作作業を分担している。大きなバーであれば、年に1回ほど採用募集が告知される。応募には、SNSコミュニティでのファンランクの証明、デザイン担当ならポートフォリオなどの書類審査もあるので、なんら企業と変わらない。こうした分業体制が、毎年定期的に行なわれる大規模なサポートを可能にしている。一企業でもなかなか難しい規模の広告を、知恵をしぼってアイデアをひねり出すところから、ファンたちがハンドメイドで一つひとつ作っているのだから、「好きなアイドルを喜ばせたい」「いろんな人に推しを知ってもらいたい」という純粋な想いがどれほど強いものなのかを思い知らされる。

推しの名前で社会貢献

信じがたいことに、誕生日サポートにはアイドル本人の名前を付けた星や月の土地をプレゼントするという、もはや規模という概念を超えたものもあるが（わりとポピュラーなプレゼントである）、お祝いをきっかけにしたサポートが社会貢献に役立っていることも多い。環境保全のためにファンがアイドルの名義で植樹した森が韓国には点在しているし、まともな教育が受けられない地域にアイドルの名前を付けた学校をファンが建設した例も数えきれないほどある。他にもLovelyzのファンが献血証と応援の手紙を韓国の小児がん財団に寄付したり、BTSのライブ中止を受けたファンがチケットの払戻金3700万円をコロナ拡散防止のために寄付したりするなど、ファン自らが行なう寄付活動も活発だ。なぜこれほどファンが社会活動に熱心かというと、アイドルたち自身も社会貢献に積極的だからである。特に寄付活動はハリウッドスターのように盛んで（韓国ではそのような芸能人のことを「寄付天使」と呼ぶ）、それがあまり根付いてない日本に生まれた私には、若いアイドルたちが社会的なイシューに意思表明すること自体が新鮮だった。韓国ではアイドルたちのそうした行ないに良い影響を受けて、「アイドルと同じように自分も誇れる人間になろう」と考えるファンも少なくない。

韓国の雑誌社で働いていた当時、保護犬の飼い主を探してもらうキャンペーンの一環として、保護犬を抱いたSHINeeのテミンとミンホを撮影したことがあった。後に、その号を読んだとあるファンから、「二人のように保護犬のために何かしたいのですが、どうしたらいいですか？」と会社に電話がかかってきた。保護犬の里親探しをしている団体を紹介すると、彼女たちは有志でお金を集め、そこに数か月分の餌を寄付してくれた。アイドルは活力や経済効果を生み出すだけではなくて、こうやって社会に良い変化をもたらすきっかけにもなるのだ、と実感した。

誕生日などの記念日に大がかりな寄付プロジェクトを計画する以外にも、身近なサポートを社会貢献に替えるサービスも生まれている。韓国でコンサートに行くと米俵が積み重ねられていて、そこにメッセージ入りの長いリボンがついた独特な花輪を目にする。「米花輪《サルファファン》」と呼ばれるこの花輪は日本の花輪と同様に冠婚葬祭時にも目にするが、アイドルのコンサートの際にファンが応援目的で送ることも定例化している。会場前にズラッと並ぶ花輪と米俵の数でその人気を測ることができるといっていい。最初は「なんでお米を送るんだ⁉」と思っていたが、これもいわば寄付文化の延長で、公演後に大量に捨てられる花がもったいないと韓国の会社「ドリーミー」が始めたサービスで、コンサート終了後に福祉団体などにアイドルの名義で米が寄付される。もともとは一般のお祝いごとを対象にしたサービスだったが、2010年頃からファンサポートとして流行し、いまや同社の手配する米の60%以上がアイドルや俳優に贈られている。人気アイドルグループともなれば一度に平均1~3トンもの米が贈られ、米の重さと愛情が比例しているという。

アイドルのコンサート会場に贈られる米花輪。米の代わりに、保存が効くラーメン、粉ミルク、練炭といったアイテムも選べる。この米袋はダミーであとで本物の米が寄付先に贈られる。[Flower Stands For KJH in JAPANより]

この他に、もっと直接的なサポートもあって、たとえば、音楽番組やラジオ番組の収録の際の差し入れ。日本ではふつう局側で準備するものと思うが、韓国ではファンが送るケースが多々ある。業者を通じて送られるお弁当や飲料にはアイドルの写真や名前がプリントされ、本人だけではなくスタッフや関係者にも配られるので、「うちの子（アイドル）をかわいがってください」と、まるで所属会社の人間がする売り込みのようだ。アイドルが出演するドラマや映画の撮影現場にキッチンカーをまるごと差し入れたり、屋台のケータリングを用意したりすることもある。初耳な人には驚きのサポートばかりだと思うが、それが一般化している韓国には専門の代行会社も多く、ファンの集金額に応じてこうしたサポートをパッケージで申し込める。日本だと肖像権の問題どころか、食べ物を芸能人に送ること自体がとても難しいだろう。

以上のようなＫ‐ＰＯＰアイドルの「サポート文化」は日本にも少しずつ輸出されている。２０１９年に放送されたオーディション番組「PRODUCE 101 JAPAN」の応援広告がきっかけで、本家PRODUCEシリーズのサポートを理解しているファンたちが、日本でも応援広告を出そうということになったのだ。ファンの動きを把握した公式が「公式ロゴやホームページ記載のプロフィール写真に限り使用可能」などと柔軟にルールを提示して許可したのは異例だったが、個人による出稿がポピュラーな韓国と違って、当初日本では「前例がないから」と請け負ってくれる代理店がなかなか見つからなかった。そのうえ広告審査に2~3か月を要するため、掲出したタイミングで推しが落ちている可能性もあったが、そんな困難にもめげずファンたちは各広告代理店と直接交渉し、都内主要スポットや練習生の地元など日本各地の駅に推しの応援広告を出した。このサポートの盛り上がりは同番組から生まれたアイドルグループJO1にも引き継がれ、ファンがデビュー日を盛り上げようと公共交通機関を中心に広告を出した。JO1運営側はデビュー時に特に必要な広報の一翼を思い切ってファンに委ねることが、アーティストにとってもメリットになると判断したのだ。

その後、JO1ファンのあいだで韓国のサポート文化はますます浸透し、福岡出身のメンバーの誕生日に福岡タワーをライトアップしたり、メンバーの18歳のお祝いに出身地・岡山県の空に花火を打ち上げたりと、使用が制限されている写真（団体写真のみ使用可）を使わないやり方で、日本式にローカライズされたサポートを展開していた。

一方の韓国では、気軽に出せる広告ブームが過熱して大統領

JO1ファンは誕生日に推しの故郷の空に花火を打ち上げた。花火玉には願いを込めたお札が貼られていて、韓国式サポートが日本の文化を取り込みつつ広がっている。打ち上げ模様はライブ配信された。[豆ちゃん花火プロジェクトより]

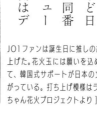

の誕生日広告まで登場し、その影響で政治や宗教、思想に関する広告は禁止になるなど、規制が徐々に生まれてきている。ファンのいち広告がその本人の第一印象になることもあるため、アーティストのイメージ管理の面を考えると許容範囲を明確化すべきだが、「PRODUCE 101 JAPAN」やJO1ファンによる応援広告の盛り上がりを見るにつけ、日本でもサポート文化に理解を示す代理店や業者が増えれば、既存の企業広告では果たせない大きな広告効果を生むことも可能だろう。

「ポリティカル」に連帯するファンダム

驚異的な行動力によってK‐POPアイドルの人気を押し上げてきたファンダムは、いまやアイドル事務所、ときには社会に対して大きな影響をもたらすほどの存在感を放つようになってきている。突然の脱退や不祥事に対して公式から発表される「大事なお知らせ」というのは日本にもあると思うが、韓国ではファン一同から事務所に向けて声明文を出すことが定着している。声明文の内容は、社会的問題を起こした疑惑のあるメンバーの脱退を要求したり、出演するドラマの役柄がアーティストイメージに悪影響をもたらすと意見したりとさまざまだ。個人ではなくファンダム全体が一致団結して意見するため、事務所側もきちんと「フィードバック」を出すのが一般的だ。

ファンダムがそこまでの力を持つようになった要因はやはり、「PRODUCE」シリーズの存在が大きい。「国民プロデューサー」となったファンが、自分の推しが選ばれるために、推しのファンを増やすために、人目を引くキャッチコピーを付けてネットや駅広告の上でマーケティング合戦を繰り広げる。事務所によって作られたグループを一方的に受け取るのではなく、自らの手でスターを作り、自らの手で宣伝する実体験は、ファンのあり方を変容させた。

アイドルは自分たちが支えていると理解し主体性を持ったファンが芸能事務所に対して声を上げるのは当然の成り行きで、ときには広告代理店や放送局を相手取って戦うこともある。熱愛などのスキャンダルが出た際に、「ファンを辞めます！」と訴えるのはアイドルの追っかけでいちばんわかりやすい心理だが、K-POPの場合そのようなシンプルな構図以外でも声を上げることは日常茶飯事で、推しにとって不利益だったり、推しを侵害する恐れがあったりする事案に対してはボイコット運動も活発化しているのだ。

2018年には、NU'EST W[※6]の日本でのイベントスケジュールが過密でメンバーを酷使するものだとして、ファンダムが抗議文を書いたポストイットで所属事務所の壁を覆い、イベント発表からわずか1日で中止に追い込んだ。その後、この「ポストイット抗議」は同事務所のPRISTINの活動を求めるファンにも受け継がれ、ファンダムがオンライン上で声明文を出すだけでなく実力行使に出始めているのが新たな変化だった。

ポストイットを用いた抗議活動は、韓国ではアイドル以外のシーンでもたびたび目にする。2016年のパク・クネ退陣デモでは、大統領府に至る要所の景福宮《キョンボックン》駅三叉路北側に市民のデモ行進を遮るために配置された警察車両に「これが国か?」「パク・クネ退陣!」などと書かれた黄色いポストイットや平和を象徴する花のシールが無数に貼られていたし、韓国での#MeToo運動拡大の大きなきっかけとなった同年の「江南通り魔事件」の際には、被害者の女性への連帯の意思を表明するために、江南駅入口の壁一面がメッセージを書いたポストイットで埋め尽くされていた。政治や社会に対して一人ひとりが行動を起こして変えなければならないという韓国社会の大きなうねりが音楽界にも伝播し、アイドルファンも自分たちの意思を行動で示すようになっていた。

2019年のPRODUCE X 101放映時の応援広告。長らくK-POPでは抗議や主張を表す際に使われていたポストイットが、サバイバル番組の流行に伴い、応援の目的でも使われるようになった。顔を囲むようにしてポストイットでデコる。

デモや民主運動の際に壁をメッセージで埋め尽くす「レノン・ウォール」は80年代からよく行なわれている。2014年の香港の雨傘運動でも見られたポストイットの手法がアイドル文化にまで浸透している例は（今のところ）韓国でしか見られないが、K-POPではさらに、2019年のPRODUCEの投票シーズンのように、駅のファン広告に応援のポストイットを貼る文化が誕生していて、抗議や主張という文脈を超えてファンの連帯をポジティブに示す活動の広がりを感じる。

社会を変えるファンダム

ファンからの要求が激しくなるにつれ、芸能事務所の対応力はますます求められるようになった。いくらグループに人気があっても、リスクマネジメントが悪くファンの声に聞く耳を持たない事務所ではファン離れを生んでしまうからだ。

日本でも2018年、BTSメンバーが過去に原爆のきのこ雲の写真がデザインに使われたTシャツを着用していたことが物議を醸した。事態は出演する予定だった「ミュー

※6 NU'EST（ニュイスト） デビュー6年目にして「PRODUCE 101」シーズン2に出演し、再び注目を受けた。大人っぽく洗練された楽曲が多いなか、リアリティ番組での飾らない人柄とのギャップに驚く。

ジックステーション」のキャンセルにまで発展し、他にも問題となっていた衣装やパフォーマンスの内容と合わせて、素早く所属事務所としての見解を文書にして発表していた。声明文に対してこういうのが適切なのかわからないが、よくできている文章だなと感心したのを覚えている。

世間を意識した声明文ということで、いわゆる一般企業の「この度は皆様をご不快な思いにさせてしまい……」というお茶を濁した定例文を想定していたが、そこには今回の議論の発端、何が問題だったか、今後の方針、関係者に行なった謝罪の詳細が明確に述べられていた。英・韓・日の3か国語で発表した文の最後には「多様性と包容の時代を生きていく中で考慮しなければならない要素が増えたことは、私共にとっても挑戦的な課題ですが、これを十分に遂行するために最善の努力を尽くしております」と締めくくられていた。

多様な価値観と文化背景を有するファンを持つようになった新時代を生きるアイドルにとって、ここにはまさに大切なポイントが尽くされているように思う。こうした細やかな対応と真摯な姿勢、なにより時代や社会についての理解によってファンとの信頼関係を築けるかどうかが、問題が起きるのを防ぐこと以上に大事なのではないだろうか。

「消費者」から「有権者」に変わったファンの影響力はさらに広がっている。消費する側だったファンの大きな声はどんどん過激なほうに向かい、アイドルの不祥事が起きた際

には、メンバーの脱退要求や一斉にファンを辞める「タルドク（탈덕＝脱オタク）宣言」なんてこともざらだ。EXOのメンバー・チェンが突然結婚を発表したときは、これまで購入した応援グッズやCDを所属事務所に送りつける「宅配攻撃」するファンもいた。ツイッター上のハッシュタグは「#チェン宅配攻撃見て脱退しろ」というもので、チェンの結婚発表によってEXOのイメージに傷がついたと主張していた。最近は熱愛騒動が起きると同様に、「好きな人に相手がいてガッカリ」というより「プロ意識が足りない」「他のメンバーに迷惑をかける」といったプロデューサー目線での意見をSNS上でよく見かけるようになった。グループの人気を支えて成長させてきたという当事者意識が芽生えているファンが、そういう「自主的マネジメント」に走る気持ちもわかる気もする。

SNSを通じたコミュニケーションや垣間見える私生活によって今までよりも距離が近づいたと感じる分、その反動として自分の想定していなかったアイドルの「裏切り」に大きな怒りを感じるのかもしれない。思うに、アイドルファンは誰しも「理想の自己」を応援する対象に投影している。好きであればあるほど推しと一体化したいという欲望が増長して、無意識に自分の理想像をさらに推しに要求する。アイドルには聖人君子でいてほしいがために、そこから外れれば声を上げてボイコットする。自分がこれだけ「正しい」アイドルを応援していること。それが自己の承認欲求を満たし、一種のプライドにもなる。

そうしたファン心理に加えて、NOと思ったことはしっかりと口に出して行動する韓国人の国民性と、それに対してきちんとフィードバックがなされる韓国音楽界の体質が土壌となって、K-POPファンダムは良くも悪くもパワーを持つ消費者集団として一層成長してきた。手足を動かしてアイドルを支え、ときには操縦しようとするK-POP独自の〝あまりにも〟主体的なコミュニティのあり方は、今後もK-POPそのものの隆盛を左右していくだろう。

アイドルのファン集団という意味にすぎなかった「ファンダム」は、こうして社会的集団へと変貌した。K-POPアイドルの社会的に「正しい姿」は、特に地球環境問題、人種差別、多様性といった問題に関心の高いZ世代のロールモデルとなっている。私がソウル・クィア・パレードに参加したときは、NCTのロゴがプリントされた虹色のフラッグを掲げた若いファンたちが、「New Heroes」という曲のフレーズ「We're the new heroes」を何度も叫んでいた。2020年には、タイの民衆が少女時代の「また巡り逢えた世界（다시 만난 세계）」の歌詞にある「この世の中で繰り返される悲しみ／もうさようなら」のフレーズに自分たちを投影し、反政府デモを行なう路上で流していた。同年のアメリカ大統領選の際にはTWICEの「Feel Special」の「どれだけ世界が私を傷つけても／あなたの一言で特別な気分になれる」がマイノリティの心情に重なり、バイデン支持者

のテーマソングとしてSNS上で拡散されていた。

「アジアの小国」から生まれたK‐POPは、誰しも自分は社会のマイノリティだと感じる世界のZ世代に、「メインストリームへのカウンターカルチャー」を体現するものとして響いている。K‐POPが躍進してきたこれまでの経緯そのものが、楽曲の持つメッセージ性以上に彼らを勇気づけ、国や文化を超えた連帯を通じて社会を変え始めている。

4

「K-POPグループ」の作り方

デビュー前から完成型：練習生

韓国の芸能事務所では一般的に「練習生」システムを用いている。スカウトやオーディションで選ばれたアイドルの候補生は「練習生《ヨンスプセン》」と呼ばれ、デビューに向けて、芸能活動に必要な能力を伸ばすありとあらゆるトレーニングを受けている。たとえ、芸能事務所が開催する厳しい倍率のオーディションを勝ち抜いても、すぐにデビューが約束されるわけではなく、毎日ただひたすらトレーニングを受ける練習生として契約する。この期間は3か月の人もいれば8年の人もいたりと千差万別で、何年経ってもデビューできないケースも多い。芸能事務所が人材をさらに選別するための過酷なシステムだ。

「完成した人」こそがデビューできるという韓国芸能界の価値観は、2018年に48系列グループからも大挙参加した日韓合同オーディション番組「PRODUCE 48」での一幕にも現れていた。すでに日本でアイドル活動をしている参加者のパフォーマンスに、審査員からは「もうデビューしていたんじゃないのか？」と辛辣な評価が下されていたが、後方でそれを見守る日本の参加メンバーの口からは、日本のアイドルは韓国とは違って楽しさを表現している、研修生といっても基礎練習したわけでも先生がいるわけでもなく見よう見まねでやってきた、ボイストレーニングなんて一回もしたことない、といった言葉が飛び交っていた。この評価は本人たちの実力の問題というよりはシステムの違い、さらには日韓のアイドルに対する考え方の違いから来ていて、彼女たちがぽつりと漏らした本音にそれらが滲んでいた。

PRODUCEシリーズでボーカルトレーナーを務め、練習生の育成に関わってきたキム・ソンウンさんいわく、K-POPの基盤ともいえる韓国の練習生システムは、1996年にSMエンターテインメントからデビューしたH.O.T.[※1]から始まっているそうだ。YGエンターテインメントで多くのアイドル育成に関わり、WINNER、BLACKPINK、iKON、ONEなどのデビュープロジェクトも指揮してきたSINXITYさんは、「練習生をたくさん取ってチームにしてデビューさせ、CDやグッズを買って応援してもらう、というビジネスモデルは日本のジャニーズが先に行なっていた。その方法をSMエンターテインメントのイ・スマン会長が日本から持ってきた」と話す。現在のK-POPに欠かせない練習生だが、システムのルーツは日本にあったということになる。ちなみに「練習生

※1　H.O.T.（エイチオーティー）　1990年代、SECHSKIESと人気を二分していた伝説のアイドル。「CANDY」は現在も新人アイドルがカバーするお馴染みの曲。もともとメンバーの卒業・入替制度があったがファンの反対で固定制に（以降、SMはSUPER JUNIOR、NCT DREAMでも卒業・入替制を導入するが撤回）。

システム」とともに「カムバックシステム」（↓63ページ）の両方を採用したのがH.O.T.だ。K-POPアイドル史のはじまりともいえる彼らはユースカルチャーのアイコンとして90年代後半に一世を風靡し、韓国人で知らない者はいないとまでいわれていた。

当時のアイドルグループのプロデュースについて、ソンウンさんはこう振り返る。

「H.O.T.以前は、事務所の代表が作曲家に曲の制作を直接依頼し、それに振付師が振付をつけるというシンプルな流れで、アイドルグループの方向性をディレクションするA&R（レコード会社でアーティストの育成・制作等を担当する）という職業の人は芸能事務所内にはいませんでした。、ダンスも事前に習うものではなかったので、アイドルも決まった曲しか踊れない。H.O.T.のヒット後、多くの関係者のあいだで、H.O.T.はなぜあんなにうまくいったのかと話題になりました。彼らもまだ高校生で、『スカウトされてデビュー前に練習を積んだ』というと、『じゃあ学校は行ってないの？』などと次々質問が飛んでくる時代でした」

アイドルが学校に通いながらプロのトレーニングを受けるのはお金がかかるうえ、小さな芸能事務所が真似したところでクオリティは低くなる。適した人材を見つけるのも難しく、H.O.T.を起点に、90年代頃から韓国の音楽界ではアイドルを育成する方法がシステム化され、大学を卒業したらトレーナーや人材開発する人になりたいと、専門分野を学ぶ若者が増えた。

韓国アイドルはデビュー後もメンバーとマネージャーとで共同生活するのが一般的だが、練習生もその多くが他の練習生と共同生活し、事務所と寮（と学校）を行き来する。かつて大手芸能事務所で練習生だった日本人に韓国での思い出を聞いたとき、「特にない」と答えていたのが印象に残っている。「毎日事務所に行ったら携帯を預け、一日中レッスンを受けて、毎晩遅くまで練習してから寮に帰る。そんな毎日を送っていたのでそれ以外の韓国を知らない」と話していて、韓国の練習生がどれだけ厳しい環境で集中的にトレーニングを積んでいるかがうかがえた。

抱える大勢の練習生にレッスンを行なうために、芸能事務所は練習室と各分野の講師、そして寮を準備する必要があり、デビュー前から莫大な投資をしていることになる。SINXITYさんは、グループ1組の開発費は30億ウォン（約2億8千万円）かかると明かしてくれたが、K-POP業界全体でアイドルグループのクオリティが高まるにつれ、現在ではデビュー時のハードルがどんどん上がっていて、その分練習生にかけるコストも時間もますます増えている。

アイドルのレッスン内容

では、練習生はどんなレッスンを受けているのだろうか。事務所によって多少違いはあるが、基本的には、歌、ダンス、ラップ、外国語、楽器演奏、演技、メンタル管理、マナーなど、デビュー後に必要とされる能力全般を鍛える。ソンウンさんによると、練習生には練習の成果を測る月末評価というものがある。語学であれば、挨拶、自己紹介、エピソードトーク、といったように、少しずつレベルアップされる。あらゆる分野のスキルがきちんと向上しているかどうかが厳しくテストされ、成績が上がらなければ脱落させることもある。また、実際の舞台に立つ経験を積むため、観客を招待した非公開のショーケースも不定期に行なわれている。そのため、「韓国で6〜7年練習生をしたなら、もうアマチュアとはいえないレベルです。毎日練習をしているので、プロの歌手より実力がある場合が多いんです」とソンウンさんは話していた。

ところが、辛抱強く課題を乗り越えた先にデビューが保証されているとは限らないのが酷な話だ。ソンウンさんが代表を務める事務所では、インタビュー時、他の事務所の元練習生を集めた新グループ「LUMINOUS」のデビューに向けて準備をしていた（その後2020年にデビュー）。なかには大手のJYPに所属していたメンバーもいたが、アイドルグループのデビューにあたっては音楽性やコンセプトが綿密に構築されるため、実力があってもそれに合わないメンバーは外されてしまう。結局その彼は、実力不足ではなくグループコンセプトに合わないという理由で前の事務所でのデビューを見送られたという。

こういう場合、所属事務所が練習生を別の事務所に送り出してくれるそうだ。新規グループの立ち上げには膨大な費用がかかるため、大手事務所であってもデビューは4年ごとに行なうのが一般的である。その間にデビューの機会を逃したメンバーが20歳前後であれば、3~4年後の次のチャンスまで待ってもらうのは忍びない。そこで、事務所が本人のためを思って送り出すというわけだ。したがって韓国アイドルには、元YG練習生、元EXO候補生などと、華やかな経歴を持つ人が多い。

苛酷なトレーニングはデビューしても終わらない。事務所が用意する制作・レッスン環境に飽きたらず、アイドル自ら良いトレーナーを探し出すことも珍しくないという。取材当日、ソンウンさんはちょうど、ソロで活動するカン・ダニエルと約束があると話していた。どうやらNU'ESTのレンの紹介で、レッスンを受けたいと直接連絡してきたそうだ。BTSのジンも、友人のB1A4メンバーのサンドゥルから「新しいアルバムのレコーディングをしなきゃいけないのに、最近までやっていたミュージカルの発声の癖が抜けない」と相談され、自分が長らくトレーニングを受けたソンウンさんを紹介したという。同じ悩みを持つアイドルが事務所の垣根を超えて、良いトレーナーやプログラムを紹介し合って自主的にレッスンを受けに行くのだ。

デビューしたアイドルへのレッスンは、その日のスケジュールが終わった深夜になることも多い。人気グループはツアーで長期海外にいることも多く、TWICEのジヒョが日本ツアー中だったときは、Kakaoトークのボイス機能で歌声を送ってもらってレッスンしたという。「見えないところでみんな懸命にやっている」とソンウンさんは話していたが、K-POPアイドルがデビュー後も絶えず自己研鑽する理由のひとつには、カムバックごとの「コンセプト消化」がある。新曲リリースのたびにイメージを刷新するということは、それだけ幅広いジャンルの音楽をこなす能力が求められるということを意味する。他のグループとの差別化を図るため、昨今では芸能事務所のA&Rも常に新しいことに挑戦しようとして、練習生時代のように難度の高いハードルを次々にアイドルに与えるようになってきているという。デビュー前に完成された基礎体力を発展させる努力を常に怠らないのは、やはりK-POP市場の苛烈な競争が大きなドライブなのだろう。

グループコンセプトの差別化：ストーリーテリング

K-POPでは毎年100組近いアイドルグループがデビューし、その多くが2年と持たないといわれている。アイドルの入れ替わりが激しすぎるそんな韓国では、グループの明確な差別化は必須だ。しかも、カムバックごとに大きくイメージを変えるのが定例なので、曲を出すたびにスタイルや音楽性を刷新しつつ、グループらしさは確立してファンをさらに獲得していかなくてはならない。そんな超難題を受けて、K-POPアイドルのデビュー時のコンセプト設計が年々複雑化している。

K-POPライターのパク・ヒアさんによると、K-POPアイドルに「グループコンセプト」が目立つようになってきたのは、「コンセプトドル」の異名を持つVIXXやB.A.Pがデビューした2012年頃だという。VIXXは新曲を出すたびに劇的なイメージチェンジを繰り返し、K-POPアイドル界においても目を引く強い物語性を持ったグループとして話題になってきた。特に2013年に発売された「傷つく準備はできている（다칠 준비가 돼 있어）」では、「ヴァンパイア」をコンセプトに、猫の目のようなカラーレンズに濃いシャドーを塗ったインパクトあるアイメイクを施して、グロテスクな様相でカムバックした。

コスプレともいえるくらい作り込まれたビジュアルとパフォーマンスは音楽番組で話題になり、ファンが増える大きなきっかけになった。VIXXはその後もカムバックごとに「サイボーグ」「愛の奴隷」「調香師」などをコンセプトにし、長編小説や映画をまるごと味わうかのような曲の世界観を完璧なまでに表現している。同じくコンセプトドルのB.A.Pの場合は、「不条理な地球を征服するために宇宙から来た戦士」というコンセプトで2012年にデビューし、メンバーそれぞれになぜかウサギのキャラクターが作られた。太陽系外惑星を意味する「Exoplanet」から名付けられたEXOも、2012年に「未知の世界から来た新たなスター」というコンセプトのもとデビューし、メンバー全員に「水」「治癒」「瞬間移動」などの超能力が設定として与えられ、それがメンバー同士で対になるといった凝りようだった。

アイドルの設計士A&R

アイドルのこうした緻密なグループコンセプトには、レコード会社でアーティストの育成とプロデュースを行なう「A&R（アーティスト&レパートリー）」という職種が大きく関わってくる。ユニバーサルミュージック・コリアでA&Rを務めるパク・ソヒさんにその仕事内容を具体的に聞いた。

「所属アーティストが出すアルバムの企画がメインの仕事です。SM、YG、JYPといった、所属するアイドルをプロデュースする芸能事務所のA&Rと、シンガーソングライターなどアーティスト本人が曲作りもする事務所のA&Rとでは、立ち位置は少し異なります。アイドルが所属する芸能事務所は、メンバーたちにどういうコンセプトの活動をしたいかをヒアリングすることはあまりありません。アートディレクターやプロデューサーたちがアイドルをひとつの作品と考え、コンセプト、トーンアンドマナー、ムードの細部にいたるまでディレクションをし、具体的な活動の年間スケジュールを立てていきます」

アイドルを担当するA&Rは、作曲家から届いたトラックがコンセプトに合うかどうか判断し、入れるならどんな歌詞かを相談して作詞家に連絡する。アイドルの楽曲とビジュアルは切り離せないため、リリースまでの一連のディレクションをアートディレクターと二人三脚で行なっていることが多い。アルバムが出たら終わりではなく、MV、パフォーマンス映像、コンサート公演と、コンセプトが一貫するよう企画を練り上げるのもA&Rの仕事だ。

そんなA&Rの体制は会社の規模で違うようだ。「自社にA&Rがいる大手事務所にはコンセプトだけを考える専門チームが他にいたり、小さい会社だと社全体で話し合って考えていたりと、会社の大きさによってアイドルグループのコンセプトの作り方はさまざまです。会社が大きければいいということでもなく、たとえばEXIDやチョンハ※2のように、会社がコンセプトをすべて指定するのではなく、カムバックごとにスタイリストやヘアメイクからもコンセプトを提案してもらって成功している場合もあります」（パク・ヒア）

数々のデビュープロジェクトに関わってきたSINXITYさんに、YGエンターテインメントの新グループの立ち上げについて伺ってみると、「同じ事務所の中でカブらず、今のマーケットの隙を狙えて、かつ今後ファンが好きになりそうな潜在的需要までを考えるのが大前提」と話してくれた。

SINXITYさんが手がけたYG2組目のボーイズグループであるWINNERは、デビュー前から「BIGBANGの弟」だと、世間の大きな期待が寄せられていた。そんなWINNERのデビュー前後の2014年には、K-POP界の王者的存在だったBIGBANG（2006年〜）の影響を強く受けた、ヒップホップテイストやパワフルな男らしさを押し出したボーイズグループが多かった。大手のSMも気合いを入れたビッグプロジェクトのEXOを仕掛けた直後で、K-POPファンはもう強いコンセプトに飽きてきているのではとSINXITYさんは考えた。そこで新グループは、それまでのK-POPシーンにはいなかった、「付き合いたくなるような身近なかっこよさを持った男の子」をコンセプトにしたという。当時流行していた賑やかで激しい音楽よりは耳馴染みのいい音楽が売れそうだと予想し、「ニューヨークのシティボーイ」をキーワードにグループの音楽性やファッションのアイデアを膨らませていった。

さらに、SINXITYさんは舞台上のWINNERを見て「モデル」を着想し、そこに「品が良い財閥のおぼっちゃまたちがお金がありすぎるあまり暇つぶしにモデルになった」というストーリーを加えた。これらの設定やストーリーをもとに、YGのA&RチームはWINNERのグループコンセプトを細かくビジュアルに落とし込んでいく。デビューアルバム名はまさしくファッションコレクションのように『2014S/S』とし、わざわざニューヨークまで行って撮影したハイブランド広告のような写真を使って、「ファッションウィーク」をテーマにしたティザープロモーションを入念に設計していった。

まず、当時のメインSNSであったフェイスブックにティザー動画を突如発表し、その2日後に実際のファッションウィークのように3つのプロモーション期間が書かれた予定表をアップした。期間中、ショーモデルのテストシューティングやリッチな学生がニューヨークで夜遊びするイメージのティザー画像がアップされ、最終週にはメンバーごとにシチュエーションの異なるティザー動画がアップされた。

※2　チョンハ　「PRODUCE」出身グループのI.O.Iの一員としてデビュー後、ソロ歌手に。自ら振付に参加するほど高いダンススキルを持つ。セクシーなコンセプトも多いが、健康的な美しいスタイルとエネルギッシュな踊りが元気を与えてくれる。

ファッションショーのチケットを模してショーケース開催日とアルバム発売日が記載された画像を公開し、続くティザー映像ではショーの舞台に上がる前の控え室にいるメンバーの様子を描き、晴れて迎えるデビューショーケース「GRAND LAUNCH」は韓国の一流ホテルで行なった。ショーケース後もすぐに、ファッションショーのプレス写真のような公演中の画像をアップしている。

「モデル×ファッションショー」を軸に2か月前からじっくり仕込んだプロモーションが功を奏し、WINNERはデビュー後わずか4日にして音楽番組で1位を獲得し、韓国アイドルグループ史上最速首位のこの記録はいまだに破られていない。これは予告そのもののスケジュールを予告する「ティザースケジュール」（ティザーのティザー）を初めて用いた事例でもあり、BIGBANGの弟グループという世間の期待を、綿密なコンセプト作りとそれを効果的に見せるティザーによって鮮やかに裏切る成功例となった。SINXITYさんによると、SMエンターテインメントで当時アートディレクターをしていたミン・ヒジン氏に「なぜYGのような施策ができないのか」とまで言わしめ

K-POP初といわれている「ティザースケジュール」。第1週のティザー日程が書かれている。[WINNER「2014S/S：LAUNCHING CAMPAIGN PLAN」より]

たという。

飽和状態のグループコンセプト

パク・ヒアさんは昨今のK‐POPグループのコンセプトの変化についてこう話す。「以前はリリースのたびに話題を狙い、明確なコンセプトを各グループが視覚化していました。覚えやすいポイントダンスを取り入れ、特徴的なヘアメイクと掛け合わせ、他社と明らかに差別化できるキャラクター設定がなされていたのですが、アイドルが増えていくにつれコンセプトも飽和状態になり、アイドル自身が凝りすぎたコンセプトにがんじがらめになっていきました」

「世界で一番売れている」K‐POPグループ、BTSのグループコンセプトはどうだろうか。彼らは2013年のデビュー以降、10代の学生が感じる悩みや鬱憤について、同世代である彼ら自身の言葉で伝えた「学校三部作」、20歳を超えて社会に直面し、不確実な未来に不安を抱く姿を描いた「青春三部作」などと、ひとつのコンセプトをもとにした連作を発表し続けてきた。2020年の『LOVE YOURSELF』シリーズでは、苦悩を乗り越えた先の、「本当の愛は自分を愛することから始まる」という「セルフラブ」や「自己肯定感」をテーマに新たなフェイズに向かっている。生身の彼らの「成長」を一貫して楽曲にストレートに反映し、成長による変化をそのままBTSというグループのアイデンティティとしているのだ。

２０１７年、BTSはグループのブランドアイデンティティを一新し、扉の形のようなシンボルロゴを発表した。手がけたデザイナーは『月刊デザイン』（２０１８年）のインタビューで、「ＢＸ（ブランド体験）デザイン」という言葉を使っていた。私もデザインの仕事をしているので、ＵＩ（ユーザー・インターフェース）、ＵＸ（ユーザー・エクスペリエンス）には馴染みがあったが、ＢＸデザインが「完璧なアイデンティティを構築するブランディングのみに終始せず、顧客のブランド体験全体を想定したデザイン」のこととは知らなかった。

刷新されたシンボルロゴはBTSを各単語の頭文字にかけて、「Beyond The Scene」と新たに定義してデザイン化したもので、「現実にとどまらず、成長するためにドアを開けて前に進む青春」を意味している。ドアの隙間から光が漏れ出てくるようなデザインは、それを開けるメンバーたちとその外で待っているファンたちとのつながりを視覚化したものだ。BTSはポップアップストアでも客を楽しませるストーリー体験型の構成が素晴らしいのだが、ロゴのデザインひとつとってみても、「成長」という彼らのストーリーの核を端的に表現しているのだ。

パク・ヒアさんも、パッと見ただけで楽しめるようなコンセプト作りがこれからの課題だと話す。「BTSがうまくいった理由を挙げるなら、『青春』というひとつの普遍的なテーマを活動を通じて変化させ、『成長する青春の姿』をファンに見せてきたことです。つらい状況から抜け出そうともがく成長のストーリーは外国の人にも直感的でわかりやすい。その黄金の一手をBTSがK－POPで最初に使ってしまったので、他のグループのコンセプトは必要以上に複雑化してしまいました。デビューした新人を毎週何組も見ていますが、もはやコンセプトが複雑になりすぎていて、ステージの魅力だけで伝えたほうが良いのではと思うグループもあります。良い曲や振付があってこそ、ストーリーテリングによるコンセプトの価値が出てくるのです」

コンセプトはアイドルへの共感や没入のトリガーになりうるが、あまりに複雑だとかえってファンと距離を作ってしまう。コンセプトはあくまでアイドルの魅力を引き出すスパイスの役割を果たすべきで、その絶妙なバランスは今もなお模索中だ。

サブスク最適な「パッチワーク」音楽：ソングキャンプ

K－POPを言葉でどう人に薦めたらいいのかわからず戸惑うときがある。たとえば私がタワーレコードに勤めていて売り場のポップを任せられたとして、自分の持つ語彙をフルに動員しても、「何だかすごい!!」としか表せない気がする。専門的な音楽知識を動員して説明を試みたとしても、今この瞬間にも予測不能な方向へと刷新され、特異な発展を遂げる音楽ジャンルに対しては、乱暴ではあるが「とにかくまずは聞いて」といいたくなってしまう。

ひとまず、K-POPは「パッチワークの音楽」といえばわかりやすいだろうか。かつてK-POPは「フックソング」と形容され、単調なリズムに乗ってシンプルな歌詞のフレーズがリフレインされることで、耳にこびりついて離れられないような曲調が特徴だったが、近年はかなり様相が変わってきている。曲の展開が目まぐるしく変わり、異なるジャンルの曲から〝いいとこ〟だけ抽出してつぎはぎし、1曲の中に落とし込んだ印象の音楽が増えてきている。もはや「サビ」がどこかはわからない。

情報が氾濫する現代のSNSやサブスク上で、いかに瞬発的に人々を惹きつけられるかということも、K-POPのジェットコースターのような曲調に関係しているのかもしれない。CDではなくネットの動画を主戦場とするため、限られたパフォーマンス時間で強い印象を残そうと、画的に動きが少なくなりがちなイントロもどんどん短縮されている。そして曲自体もだんだん短くなり、最近はどの曲も長くとも3分半には収まる傾向にある。

1曲がドラマチックに展開されるK-POPそのものの音楽ジャンル性も非常に豊かだ。「アイドルといえば」なサビのユニゾンもK-POPではふつうしない。今から4〜5年前はK-POPでフューチャーベースやトラップといったダンスミュージック（EDM）が流行した全盛期で、ネットでも「最近のK-POPはサビを歌わない」という声が頻繁に上がっていた。当時とある音楽番組で、サビでメンバー全員がマイクを下ろしダンスだけに励むという大胆なパフォーマンスを見たときは、驚きを通り越して思わず笑ってしまった。さらには（極端な例かもしれないが）ウィスパーボイスだけで1曲歌っていたアイドルもいた。どれもカラオケで歌えない曲ばかりで、これらが世の中では「K-POP」と一言でまとめられている。

K-POPのDJイベントを日本で主催しているeelica[※3]さんに、この10年間に起きたK-POPの楽曲の大きな変化について聞いた。「K-POPは2012年頃にはアメリカの音楽を意識してダンスミュージックを取り入れていましたが、その後はヒップホップが主流となった洋楽とは違う道を行き、ここ4〜5年はディープ・ハウスやドラムンベー

※3　eelica（エリカ）　日本はおろか韓国でもまだ珍しかったK-POPジャンルに特化したクラブイベントを、2016年から主催しているDJ。クラブで本格的にK-POP楽曲を楽しめるよう、秋葉原などで「Liar Liar」「TodakTodak」といったイベントを定期的に行なっている。

スといったヨーロッパ由来のダンスミュージックなどを幅広く取り入れる段階に移ってきています」。一部メディアでは「K-POPはアメリカのトレンドをいち早く取り入れている」といわれたりもするが、一概にそういうわけでもなさそうだ。

K-POPライターのパク・ヒアさんは作曲の観点からこう指摘する。「今ではK-POPに多く流入するようになった北欧の作曲家たちはもともとアメリカや日本で仕事をしていましたが、SMが目をつけたことから韓国で盛んに起用されるようになりました。海外の作曲家が曲を書くようになってからK-POPがどんどん洗練されていき、10代の若者が聴くだけのただのアイドルソングではなくなりました」

K-POPのユニークな曲調には、90年代後半に北欧を中心に始まった「ソングキャンプ」という制作スタイルが大いに関係する。ソングキャンプは現在、芸能事務所が海外からソングライターを集め、食と住を提供した缶詰状態の中、チーム単位で決められた曲数を生み出させる楽曲制作方式として韓国でも一般化している。共作するメンバーの組み合わせと担当するアイドルグループを日ごとにシャッフルすることで化学反応を引き出し、一人では生み出せない斬新なアイデアを共同で創出してもらうのがねらいだ。

音楽プロデューサーのファン・ヒョンさんによると、もともとは日本の音楽業界で取り入れられていたシステムで、「コライト」や「コライティングキャンプ」などと呼ばれていた。現在数多くのＫ‐ＰＯＰ楽曲を手がけているファン・ヒョンさんも、初めて参加したソングキャンプはソニーミュージックが日本で開催したもので、その頃から北欧を中心に海外から作曲家が集まっていたという。

韓国では、２００９年からＳＭエンターテインメントが本格的にソングキャンプを取り入れた。それまでのＫ‐ＰＯＰでは、各芸能事務所にＹＧのTEDDY、ＪＹＰのJ.Y.Park、ＳＭのKENZIEといった名物プロデューサーがいて、彼らを中心に楽曲制作するのが主流だった。そのなかで、早くから北欧のポップスにも目を付け90年代後半にＳＥＳや神話の曲を北欧の作曲家に単発的に依頼していたＳＭは、より近い距離で多くの海外作曲家のアイデアを取り入れようと、自社にソングキャンプ専用スタジオを作り、海外作曲家が韓国に滞在して協業できる環境を整えた。「Ｋ‐ＰＯＰをワールドワイドに広げるうえで、中心的な役割を担ったのがＳＭです。楽曲提供はスウェーデンから受けて、ダンスの振付はアメリカの振付師にお願いする。ＳＭアーティストの少女時代やNCTのワールドツアーは日本でも有名な仲宗根梨乃さんが演出監督をしていますね。韓国の音楽だからすべて韓国人で作らないといけないという固定概念をＳＭは壊してきたと思います」（ファン・ヒョン）

ＳＭエンターテインメントでは、f(x)「４ Walls」（２０１５年）、テヨン（少女時代）「Why」

（2016年）、EXO「Monster」「Lotto」「Lucky One」（2016年）、テミン（SHINee）「Press Your Number」「Drip Drop」（2016年）、NCT U「The 7th Sense」（2016年）、NCT 127「Fire Truck」（2016年）など、2015年以降に数々の楽曲がこの方式で生まれている。ソングキャンプで作られた曲が各グループに振り分けられるのもSMのユニークな特徴である。ここに挙げた楽曲はどれもかつてのK-POPからは雰囲気を大きく変えていて、わかりやすいメロディーラインや起承転結というK-POPのお決まりが見あたらない。SMに限らずK-POPの歌詞ブックレットのクレジットには7〜8人の作曲家の名が連なっていることは珍しくなく、メロディーラインやコード進行など作曲家がそれぞれの強みを活かした結果、1曲の中で1分ごとに音楽ジャンルが変わるほど、構成要素がどんどん複雑化していった。コロナ禍で各国間の移動が難しかった2020年には、世界5都市の作曲家がオンラインソングキャンプを通じて、SuperMの「One（Monster & Infinity）」を生み出したという。

ソングキャンプから生まれた楽曲に代表される、K-POP好きでもうまくいい表せられないK-POPの〝新しい感じ〟は、たとえば、BTSを生み出したBig Hitエンターテインメントの日本支社が2020年9月に日本で音楽プロデューサーを募集した際の要項に明文化されている。「ご本人（チーム）の才能とセンスを最大限に表した、グローバル音楽市場で競争力のある音楽（グローバルメジャー音楽チャートへのランクインが可能なレベル）デモをご提出ください」「メロディが鮮明でダイナミックな流れの、起承転結がはっきりとした定型化された曲の構造（A: Verse - B: Pre - Chorus - C: Chorus）の音楽デモはご遠慮ください」。そこにははっきりと、世界を舞台に戦っているK-POPの視線の先が言語化されていた。

アイドルグループの管制塔

かつては、BIGBANGのリーダー・G-DRAGONが自らグループの作詞・作曲・プロデュースをしているのが珍しく、作曲も行なうアイドルは「作曲ドル」と注目されていたが、最近ではどのアイドルグループにも曲を作るメンバーがいて、なかにはメンバーで分担して作詞・作曲を行ない、プロデュースに加えて振付やボーカルディレクションまで行なうSEVENTEENのようなグループまで出てきている。

第一線で活動するアイドルが、同年代の別のアイドルグループに楽曲を提供することさえある。たとえばPENTAGON[※4]のリーダー・フイは「PRODUCE 101」シーズン2の課

※4　PENTAGON（ペンタゴン）　レトロアメリカンな衣装でオタクの恋心を歌った「ピナリ」はチャートを逆行しヒット。日本デビューはGLAYのTERUが楽曲提供。日本人メンバー・ユウトのラップ前に入るシグネチャーサウンド「ユウトだ」が印象的。

題曲「NEVER」を手がけ、サバイバルオーディション番組の選考中に結成されたグループが音楽チャートで1位を獲得する快挙を成し遂げた。同番組から生まれた国民的グループWanna Oneのデビュー曲にも作曲で参加し、フイはアイドルメンバーであると同時にK-POPのヒットメイカーとしても広く知られることとなった。この「Energetic」が収録された『1X1=1（TO BE ONE）』は、2018年当時のデビューアルバムとしては異例の、発売1週間で40万枚以上の売上を記録した。

ボーイズグループBlock B出身のZICO[※5]は、2020年を代表するヒットソングとなった自身の「Any Song（아무 노래）」で、TikTokを使ったダンスチャレンジがバイラルマーケティングとして大成功し、以降K-POPアイドルはみなプロモーションで「◯◯チャレンジ」を仕掛けるようになった。今はソロで活動するZICOだが、PSY、「PRODUCE X 101」、SUPER JUNIOR、Wanna Oneに楽曲提供するなどプロデューサーとしての活躍もめざましい。所属事務所も違ううえに自分よりも活動歴の長い先輩にも曲を提供していて、日本ではあまり見られないアイドルの活動の形である。

K-POPにおける音楽プロデューサーの役割についてファン・ヒョンさんに聞くと、基本的に曲を作ってデモを送るところまでの作曲家とは違って、プロデューサーの仕事の範疇は広いという。一般的には、レーベルや芸能事務所とコミュニケーションをとりながらコンセプトやストーリーを考えつつ、作詞、作曲、編曲、ボーカルディレクション、サウンドのミックス、マスタリングチェックまで行なう。もちろん事務所によってその範囲は異なり、たとえば、MONOTREEのG-Highさんが楽曲を多く提供しているLOONAの所属事務所には、自ら作曲はしないが音楽性をすべてディレクションするA&Rがいて、音楽プロデューサーはA&Rの求める曲を書き、よりテクニカルな部分を担当する。

SMエンターテインメントのような大きな会社だとA&Rがチームでいて、彼らから渡されるリード資料をもとにデモを作っていく。リードには、「今回はかわいさではなく、ガールクラッシュの方向で行きたい。パワフルなダンスに合う楽曲で、衣装はオールブラックの予定です」と、イメージ作りの観点から楽曲に対するオーダーが書かれていて、ときには理解度を深めるためにイメージソースとなる画像や映像が添えられていたりする。リードに応えていくのが原則だが、大手事務所ともなると1曲に対して複数のプロデューサーに打診しているので、1週間に何百もの曲が届くなかで生き残らなければならない。そういう場合には、わざとリードに記載されていない新しい提案をすることもある。

※5　ZICO（ジコ）　Block Bのリーダーで、2018年に自らKOZエンターテインメントを設立。2018年の「南北首脳会談」の特別随行員にも抜擢され、北朝鮮のステージでラップを披露した。日本のニュース番組ではZICOが平壌冷麺をおかわりするか悩む様子が流れた。

「K-POP」ぽさとは？

２０１９年11月にリリースされた嵐の「Turning Up」もコライトによる楽曲だったが、率直に「J-POPぽい」と感じた。作曲者だけではなく、編曲の仕方や歌詞の語感、ミックスやマスタリングの感じによっても、「J-POPぽい」「K-POPぽい」の印象は分かれると思うが、私たちの考える「K-POPぽい」とは一体何だろうか？

海外陣とのソングキャンプを取り入れたことでK-POPの音楽が変化したのは確かだが、その方式は韓国より先に日本が採用していたので違いの説明にはならない。ただ、短期間で数百曲も絞り出すK-POPのソングキャンプでは、作曲家たちはチャレンジ精神からわざと規格外を提出したりするし、音楽番組でのダンスパフォーマンスをゴールに楽曲が制作され、きっちり個人パートに分けて見せ場を作るといった、韓国ならではの複数の要因も絡み合って、同じ制作過程を経ても違いが出てくるのだろう。

ファン・ヒョンさんがインタビューで「K-POPはビビンパだ」と話していたのがとても印象に残っている。「ビビンパは、ご飯やもやし、にんじんなど、必ず入る基本の具材がありながらも何を入れてもよくて、タコを入れるとナッチビビンパに、プルコギを入れるとプルコギビビンパに変わる。美味しいと思えば、テンジャン（韓国味噌）の代わりに日本の味噌を入れてもいいし、中国の麻辣《マーラー》香辛料や東南アジアのパクチーをいれてもいい」。世界的にK‐POPが流行した理由をその第一線で制作している人に尋ねれば、当然韓国ならではのユニークポイントを説明してくれると思っていたが、K‐POPには歌詞を除いて特に「韓国」らしい特色はない、という言葉が多く返ってきたので面食らってしまった。

けれど、率直な意見を前に、ああそうか、K‐POPの根底にあるのはこういう柔軟性だよなと合点がいった。「K」‐POPはいまやKOREAに限定されたものではない。「Designed by Apple in California」と刻印されたiPhoneの部品の生産や組み立てがそれぞれ別の国で行なわれているように、K‐POPにおける「KOREA」も、ベースとなるシステムを確立した本社所在地のようなものだ。楽曲に限らず、ダンスやスタイリング、ビジュアルメイキングまで、さまざまな国からトレンドを取り出してビビンパのように混ぜ合わせる、その調理の結果が「K‐POPらしさ」なのではないだろうか。

K‐POPの類いまれなる柔軟性は、コロナによって混沌とした世界でも感じられた。2020年のK‐POPシーンでは、洋楽のThe WeekndやDua Lipaのヒットや国内でのニュートロブームの影響を受けてか、一気にディスコ調の楽曲が増えた（TWICEにいたってはDua Lipa本人やその制作陣が楽曲提供をしていた）。ポンチャック[※6]の流れを汲むディスコソングにあふれた2010年代初頭のK‐POPを聴いてファンになった私からすると、なんだかまた昔のＫ‐ＰＯＰに先祖返りした印象を受けたけれど、それさえも、近年の世界的なディスコミュージック人気に韓国風のレトロをまぶした「Ｋ‐ＰＯＰらしさ」なのだろう。

フックソングとポイントダンスからの進化：振付

Ｋ‐ＰＯＰのパフォーマンス、というと、一糸乱れぬ迫力あるフォーメーションダンスと、何度も反復されるキャッチーな振付が思い出されるはずだ。実際この２つはＫ‐ＰＯＰのダンスを構成する重要な要素であり、そのままＫ‐ＰＯＰの世界的なイメージを形作ってきたものである。

前者はよく「カルグンム（刃群舞）」と呼ばれ、刃のようにキレの鋭い動きを群れ全体でシンクロさせて踊ることを指す。２０１１年に、INFINITEが「BTD（Before The Dawn）」という曲で披露した、うつ伏せ状態からサソリのように起き上がる「スコーピオンダンス」は腕の角度まで皆がピッタリと合っていて、それ以降、一体感のある高スキルなダンスに対して「素晴らしいカルグンムだ」などと言って、韓国のメディアでは今でも「カルグンム」は称賛の言葉として多用されている（INFINITEは元祖カルグンムグループとして名を馳せた）。

後者のキャッチーな振付については、2010年から始まった第二次韓流ブームの頃、日本のメディアが少女時代の「GENIE」の振付を「美脚ダンス」、KARA※7の「ミスター」のそれを「ヒップダンス」とネーミングし、ワイドショーでもしきりに取り上げられていたのを思い出す。世界的に大ブームとなったPSY「江南スタイル」(2012年)の、ステップを踏みながら手綱を引くような「乗馬ダンス」はマドンナもコンサートで披露した。TWICE「TT」(2016年)のサビで繰り返される、泣いた顔文字を表現した「TTダンス」も大流行したが、最近ではNiziU※8「Make you happy」の「縄跳びダンス」、「Step and a step」の「うさぎダンス」も記憶に新しい。こうしたパッと見ただけで覚えてしまいそうなダンスは「ポイントアンム(ポイントダンス)」と呼ばれる。

※6　ポンチャック　1980年代に登場した、単純なメロディーのテクノ音楽にトロット(演歌)を乗せた楽曲スタイルで、バスやタクシー運転手の眠気覚ましの労働歌として発展した。日本でも有名な「ポンチャックの帝王」こと李博士は、もともとは観光バスの案内人から名を馳せた。

※7　KARA(カラ)　日本でK-POPブームを巻き起こし、韓国の女性アーティストとして初の東京ドーム公演を行なった。爽やかでかわいらしいイメージの中、「Lupin」のようなクールなコンセプトもこなすのが魅力的だった。

※8　NiziU(ニジュー)　「Nizi Project」から誕生した、J.Y. Parkが手がけるガールズグループ。プレデビュー曲の「縄跳びダンス」が日本で一大ブームに。活発でポップなイメージで、Fit'sやSHIBUYA109のCMなどに多数出演。

２０００年代後半から２０１０年代初頭のＫ‐ＰＯＰ界では、ダンスがグループの知名度や人気を大きく左右したこともあって各グループが競って「〇〇ダンス」を生み出し、「カルグンム」と「ポイントアンム」はマストキーワードであった。たとえば、毎回さまざまなアイドルグループがゲストで登場する韓国のテレビ番組「週刊アイドル」には、自分たちの楽曲を2倍速にしても正確に踊れるかチャレンジする名物コーナー「2倍速ダンス」がある。そこで「ROUGH」という曲を完璧に踊りきったGFRIEND[※9]は、ハイレベルなカルグンムグループとして大きく話題になった（２０１６年）。ポイントアンムが自分も体を動かしてみたくなる「踊る対象」なら、カルグンムはアイドルグループの高いダンススキルを表す「見る対象」である。

観客を圧倒するパフォーマンスを見せるメンバーを「ダンスマシーン」「踊神踊王《チュムシンチュムワン》」などと称賛する表現が多いことからも、韓国におけるアイドルのダンスに対する注目度の高さがうかがえる。「HIT THE STAGE」「DANCING HIGH」など、アイドルが高いダンススキルでもってバトルする番組もあるほどだ。

また、ポイントアンムの流行には音楽的な潮流も関係している。第二次Ｋ‐ＰＯＰブーム時には、Wonder Girls「Tell Me」（２００７年）、SUPER JUNIOR「SORRY, SORRY」（２００９年）、T-ARA「Bo Peep Bo Peep」（２００９年）、少女時代「Gee」（２０１０

年）、KARA「Jumping」（2010年）など、曲名にもなっているフレーズを反復的なリズムに乗せて歌う「フックソング」が流行していた。前述のように2010年以降は韓国内でのヒップホップの台頭や海外作曲家を中心とするソングキャンプ的制作によって振付にも新たに変化が生まれてきているが、少女時代やPSY、最近のNiziUを見るかぎり、K‐POPが海外に浸透していくにあたって「ポイントアンム」の貢献度は大きいと思う。

全体のシンクロから個人が織りなすグルーヴへ

TWICEの「TT」やソンミの「Gashina」などで世界的に知られている振付を生み出し、韓国でもっとも振付料が高いといわれている1MILLION Dance Studioのコレオグラファー、リア・キムさんにK‐POPのダンスの変遷について聞いてみると、やはり今から5年くらい前まではどのグループからも一目でわかるポイントアンムを振付に入れてほしいと依頼されることが多かったという。ダンスの一部を強調しすぎると全体的なパフォーマンスの流れが作りにくく、振り付けるにも苦労が多かったそうだ。

※9　GFRIEND（ジーフレンド）　ガールフレンドのような身近な存在というコンセプトと清純テイストでデビュー。所属事務所ソースミュージックがBigHitに買収されてからコンセプトの劇的変化があったが、本人たちのポテンシャルの高さで次々昇華。2020年末の授賞式シーズンでの手作りヘッドドレスが魅力的だった。

しかし今ではポイントアンムをめぐる競争も落ち着いて、フォーメーションの移り変わりなどに力を入れた振付が増えてきている。Ｋ‐ＰＯＰライターのパク・ヒアさんは、全体から個への推移に注目する。「ヒップホップの流行も影響して、２０１０年代に入るとBTSやBLACKPINK、WINNERなど、メンバー一人ひとりの個性を見せるダンススタイルが始まりました。ファンも今はアイドルの個々のメンバーに対してソロで楽曲を出せるほどの個性を求めるようになりましたから。ただ、自分独自のスタイルを自然に出しながらもグループとしてはひとつにまとまって見えなくてはならないので、その調整が難しいんです」

それでは昨今のＫ‐ＰＯＰのダンスに新たなトレンドセッターはいるのか、リア・キムさんに聞いてみる。「現在のトレンドを誰か一人だけに紐付けすることはできませんが、最近はTWICE以来のＪＹＰガールズグループであるITZYが、パワフルかつエキサイティングなパフォーマンスを披露して強く印象に残りました。彼女たち5人の登場によって、振付に新しい風が吹いたと思います。また、以前だと振付でセックスアピールをするような動きが重視されていましたが、今はＫ‐ＰＯＰ全体でパフォーマンスの領域が広がっているのは良い変化だと思います」

グループの人気を左右するまでになったダンスの振付は実際にどうやって考案されてい

るのだろう？「まずは曲をずっと聴き込んで、単独で制作するか、他の振付師と一緒に作業するかどうかを考えます。振付の方向性と全体的なコンセプトを決めてから作業するのですが、どのパートでどんな要素をポイントに持ってくるか、振付を分解することが重要です。Swag（イケてる感じのノリ）、動作、表情など、状況に応じて何をポイントにするかで構成はまったく変わってくるのです。全体の作業には1週間程度の時間を要しますね」（リア・キム）

代役ダンサーによる振付映像を依頼主に提出した後も、アイドルと一緒にトレーニングをしたり、MVに自ら参加してディレクションしたりすることもあるという。K-POPのクリエイターたちはコンテンツがPCやスマホの四角い画面上で最大の効果を発揮するように考える。振付も例外ではなく、カメラワークをかなり意識し、メンバーが多いグループの場合は一人ひとりがクローズアップされる短い瞬間にも表情や魅力が伝わるよう、動きの速い振りを付けるそうだ。

新人アーティストやソロデビューの際には特に力が入る。

リア・キムさん（中央）による「Gashina」ダンス動画ではオリジナル版が楽しめる。1MILLION Dance Studio チャンネルには看板ダンサーたちによるインタビューやオンラインレッスン、振付楽曲をアイドルと踊るコラボダンスなど、多彩なコンテンツが日々アップされている。

Wonder Girls解散後、移籍した事務所から出したソロデビュー曲「Gashina」でアーティストカラーを確立した元メンバーのソンミは、グループ卒業後のソロ活動が成功しにくいK-POP界で「ソロクイーン」とまで呼ばれるようになった。前述のようにこの曲を振り付けたのもリア・キムさんで、「本人のキャラクターを考慮せずに振り付けた動作がひとつもないほど」と、かなり戦略的に行なわれたようだ。「ソンミさんと何度も話し合いながら曲のコンセプトを共有していき、最終的に『愛に狂って抜け出せない、毒っ気がありつつも気品高い少女』というキャラクターを設定しました。映画『レオン』の主人公マチルダを連想して、この少女が踊ってみたらどうなるだろうと想像しながら動作の一つひとつを構成し、ソンミさんがそれを見事に体現してくれました」（リア・キム）

日本ではアイドルグループは専属する一人の振付師と長年タッグを組んでキャラクターを醸成していくイメージが強いが、韓国では楽曲のカラーごとに振付師や振付のスタイルを都度変化させているようだ。その違いについてリア・キムさんは、「韓国では新しい文化や流行の受容と拡散が速く、それを受けて短期間で高品質のコンテンツを制作できるシステムを備えているからだと思います。それは長所でも短所でもあって、上手な人が登場すると作曲と振付がその同じ人に集中するようになり流行が画一化される傾向を生んでしまいます」とも話していた。

とはいえ、K-POPのダンスに多様性を取り入れる動きももちろんある。SMエンターテインメントのアーティストの多くの作品に、日本人のs**t kingzや仲宗根梨乃が振付師として携わっていることはK-POPファンのあいだでは有名だが、マイケル・ジャクソンの「This Is It」公演を演出したトニー・テスタが、2012年にSHINee[※10]の楽曲「Sherlock」を振り付けした際も大きな話題となった。彼は以降、EXO、東方神起[※11]など同事務所のアーティストを次々に手がけたが、後に「Sherlock」の振付費用のみで1億ウォン（約947万円）かかったとMnetの番組で紹介されていて、MV制作費だけでも何億ウォンと聞くのに、いったい1曲のカムバックにかかる制作費はどれほどかと呆然とした。

こうしたK-POPに特徴的な振付はダンス人口の増加も後押しし、韓国ではダンススタジオがトレンドを生み出す場にもなっている。リア・キムさんの所属する1MILLION

※10　SHINee（シャイニー）「音楽、ダンス、ファッションとあらゆるジャンルで、最先端のトレンドを発信する」というコンセプト通り、前衛的な楽曲を次々に発表しK-POPシーンをリード。楽曲「Sherlock」の冒頭「SHINee's back」のフレーズからも、世間のSHINeeのカムバックへの期待度がわかる。

※11　東方神起（とうほうしんき）2003年のデビューから現在まで第一線で活躍し続けるK-POPの立役者。兵役後も日本での五大ドームツアーを行ない、韓国チャートを席巻するなど圧倒的人気を誇る。2019年のSMファミリーコンサートでは2体の巨大石像の中から神々しく登場する映像が流れていた。

Dance Studioは、韓国のユーチューブチャンネル全体で登録者数5位（2300万人）、累積再生回数は60億回（2021年1月時点）を超えてその名を世界に轟かせ、私の友人が何人もそのワークショップに行くほど、国外からダンスを学びにやってくる人が絶えない。いまやダンススタジオもアイドル事務所同様に定期的にVlog映像をユーチューブで配信していて、エッセイや写真集も出版するリア・キムさんのように、所属するダンサーは現代のファッションアイコンとして若者の憧れの的となっている。

余談だが、私も最近、ヴォーギングとワッキング（どちらも身体や顔のまわりに手を巻きつけるダンススタイル）を取り入れたチョンハの「Stay Tonight」のダンス映像をネットで見だしたら、振付師チェ・リアンさんの振付作業中の動画にバックダンサーの控え室の様子や練習映像と、クリックが止まらなくなり、ダンスをする若者たちが本場の韓国にひとっ飛びしてしまう気持ちがわかった。動画を駆使した発信によって振付そのものを一大コンテンツ化し、「ダンスを学ぶために韓国に行く」という人の移動まで生み出しているダンススタジオは、もはやアイドル文化だけの発信地にとどまらない。

舞台から出勤までコーディネート：スタイリング

綿密に作られたコンセプトを一目でわかるように表現し、カムバックごとに視覚的な刺激をファンに与えてくれるのがスタイリングである。K-POPアイドルのスタイリングは舞台衣装だけでなく私服にまで及び、ファンは憧れの対象に近づくひとつの手段として、ダンスを真似するのと同じように、アイドルの身につけるアイテムやメイクを取り入れている。K-POPファンでなくとも韓国のECサイトから服を注文したことがある人は多いと思うが、いま日本では「韓国ファッション」がいちトレンドを超えてファッションのジャンルとして一般に定着していて、10~20代向けのファッション誌には「韓国っぽ」というワードがいたるところで踊っている。

楽天が運営するフリマアプリ「ラクマ」が日本に住むユーザーを対象に2020年に実施したアンケート調査を見ると、「ファッションで参考にしている国」の第1位は10~30代に共通して韓国だった。韓国人気は特に10代のあいだで年々高まっていて、韓国のファッションを手本としていると答えている10代の割合は2016年からずっと最多で、2020年にはついに80%近くに達した。面白いことに、フランスやイタリアを参考にしているとと回答した40代以上の年齢層は情報を雑誌から得ているが、韓国ファッション支持層の情報源はインスタグラムだ。

K-POPの主なファン層はデジタルネイティブで、雑誌やテレビといった既存のメディアから与えられる情報よりも、SNS上で自らファッショントレンドを見つけることに楽しみを見出す。実店舗をあまり持たない韓国のアパレル・コスメブランドの多くも、ECサイトの代わりにインスタグラムを巧みに活用しつつ、こまめに情報を発信している。豪華なショッパーがもらえるコスメブランドや、冷蔵庫に商品をディスプレイする洋服ブランドなど、挙げればキリがないが、映え要素の多い韓国のファッションやコスメが各国のインフルエンサーに好まれていることもあり、インスタグラムを覗けば簡単に韓国の最先端がキャッチできるのだろう。ラクマのアンケートで、日本の若者が韓国ファッションを支持する理由として「安さ・気軽さ」の次に「韓国の有名人が好き」と挙げていることからも、K-POPを入口にそのファッションに興味を持つ人が多いことが見て取れる。

BIGBANGのG-DRAGONが韓国のファッションアイコンの先駆けと呼ばれているが、FENDIやDOLCE&GABBANAといったハイブランドをパフォーマンスのためだけに買い取って、必要に応じてリメイクもしてしまうK-POPの大胆なスタイリングは世界から注目を集め、いまや韓国のアイドルが世界的ブランドのショーに出演したり、広告モデルに起用されたり、衣装提供やコラボアイテム作りの依頼を受けたりするなど、ファッションアイコンとしての仕事は世界に広がっている。2019年7月には、アメリカの

『ウォールストリート・ジャーナル』に、K-POPアイドルが世界のファッション業界に強大な影響力を持つインフルエンサーに成長した、という記事が掲載された。※12

出勤写真と空港ファッション

テレビ局に入る姿を捉えた「出勤写真」、海外へと向かう際の「空港ファッション」。そんな言葉があるように、K-POPアイドルは普段の私服も注目されている。日本の芸能人の私服は雑誌やテレビで特集を組まれないかぎり見る機会はほとんどないが、K-POPアイドルの場合、仕事のたびに出退勤の写真がメディアやファンによってネットに公開されるので、普段の日常着にまで関心が寄せられている。

韓国で勤めていた雑誌社は社内にセレクトショップも構えていたのだが、「白熊の絵の靴下、まだありますか？」とひっきりなしに電話がかかってきた日があった。どうやらその日、元Wanna Oneメンバーのカン・ダニエルが出勤ファッションで着用していたらしく、写真がネットに上がるやいなや通販サイトの在庫がなくなったため、しまいにはそのブランドが卸している私たちのセレクトショップにまでファンが商品を求めてきたのだっ

※12 The Wall Street Journal, "Are K-Pop Stars the World's Biggest 'Influencers'?," 2019.7.15

た。歩く広告塔とはいえ、靴下でさえもこれほどの影響力があるのだ。

そのセレクトショップでは、ファンがアイドルのサイン会で渡すためにファッションアイテムを大量に買っていくこともあった。「もし推しが着用してくれたら写真を見せてあげますね！」なんて言ってくれるのだが、ファンからもらったプレゼントを芸能人自らがＳＮＳなどを通して公開する「認証ショット」がその動機になっているわけだ。ファンだけでなく国内ブランドもアイドルの出勤ファッションや空港ファッションを公式サイトに掲載して、「〇〇さんが着用！」とうたっているのをよく見かける。

VIXXやAB6IXを担当している「放送スタイリスト」（アイドルのステージ衣装を手がけるスタイリスト）のキム・ナヨンさんに聞くと、いまアイドルは私服でさえも協賛がつく場合が増えているという。「アイドルにブランドが協賛している場合もあれば、スタイリストに協賛がついている場合もあります。いまや出勤・空港ファッションに大きな関心が向けられているので、アイドルも提供された衣服を無条件に着ることはなく、スタイリストが選んだ

韓国のアイドルメディアには「空港ファッション」というカテゴリがあり、アイドルの出入国時の写真が随時掲載される。掲載されたアイテムはファンによって即座にブランドが特定され、ファン運営の専用SNSアカウントによってまとめられる。

服や本当の私服を着ることも多い。いずれにせよ、状況に応じて気を遣っています」

K-POPのダンスが全体のカルグンムから個のスタイルを見せる方向へと変化してきたのと同様に、アイドルのファッションにおいても、グループのみならず個々のメンバーのしっかりとしたブランディングも求められるようになってきている。たとえばBLACKPINKのメンバー4人も、CHANEL、CELINE、SAINT LAURENT、Diorと、それぞれが異なるブランドのアンバサダーを務めていて、ファッションショーへの参加はもちろん、各ブランドを身につけた日常写真をSNSにアップしている。

ナヨンさんもその変化に言及していた。「10年くらい前だと、メンバー全員が同じ衣装を着て調和をとり、同じグループだとパッと見てわかるようにしていたと思います。しかし最近では、カラーや生地のパターン、アイテムなどで共通項を作りながらも、全員に異なるスタイリングを施してメンバーの個性を活かそうとするトレンドに変わってきました」。お揃いの制服やスーツといった画一性から、自分らしいブランドを着こなす個性へ。アイドルのファッションスタイルも変化している。

MV以外にも1曲あたりの動画コンテンツが多くある分、衣装のパターンも増えるのがK-POPの特徴だ。ナヨンさんも、「音楽番組が週に5～6回あるので各メンバー一着だけを着回すことが難しく、状況に応じて衣装を追加したり、アルバムジャケットやMV撮影で使った衣装を活用したりします」と話していた。カムバック期間中の連日の音楽番組出演やグループのオリジナルコンテンツに加え、ファッション雑誌のグラビア撮影、出勤ファッションまであるK-POPアイドルは、毎日衣装を何着も着替えていて、それらの映像や写真がファンに供給されている。一回のカムバックにつき5～6体ものコーディネートをメンバー分考えなければならないスタイリストの仕事量を考えると気が遠くなるが、毎日変わるスタイリングを追跡するのはカムバック期間中のファンの楽しみでもある。

ステージ衣装となると、なにより動きやすさを重視してデザイナーに制作を依頼することが多い。「激しいパフォーマンスに対応できるよう、伸び縮みに強いスパンデックス素材をできるかぎり使ってもらいます。番組ごとに違う照明を考慮して生地の色合いにも気を遣いますが、生地の厚さも大事。熱い照明の下の激しいダンスでも、なるべく汗が目立たなくなる生地を選んでいますね。厚手のほうが汗が目立たず服がカチッと揃って美しく見えるのですが、舞台上ではむしろ重苦しく不便なことも多いので、可

ナヨンさんがスタイリングを担当するボーイズグループELAST。同じ衣装の人は誰一人いないのに、部分的に同じ生地を使い分けることで全体に統一感を出している。踊ったときにステージ上で動きが大きく華やかに見えるよう、布紐がひらひらするように長めにデザインされている。

能なかぎり避けています」（ナヨン）

このように色合いから素材までこだわっているステージ衣装だが、各事務所が出してくるカムバックコンセプトをもとにスタイリングを考案し、何度も話し合いを重ねながら作り上げていくのもスタイリストの仕事だ。その効果はときに予想外に大きく、たとえばチョンハが2018年のカムバック時にしていた目元の大粒キラキララメは大きな話題になった。その影響でグリッターメイクが大流行し、コスメブランドがこぞってグリッターアイテムを出すほどだった。

スタイリングによってK-POPグループが注目を受けることはいまや珍しくない。2020年にデビューした5人組ガールズグループのSECRET NUMBERは、大手事務所の所属でないにもかかわらずMVの公開からわずか5日で700万ビューを達成し、新人では異例のそのスピードが話題になった。その一因としてファッション性の高さが挙げられ、デビュー後すぐ、インスタグラム上にはメンバーのMV、舞台、出勤の衣装情報を提供するファンアカウントが登場していた。ふつう新人グループは衣装を合わせて統一感を出そうとするが、SECRET NUMBERはハイブランドを使ったスタイリングでメンバーたちの個性を活かしていた。所属会社にはデビュー時からファッションアイコンの立ち位置を確保する狙いがあったといえる。

2020年6月に、「How You like That」のMVが公開から8日で2億ビューに達し、BTSの記録を塗り替えたBLACK PINKは、海外でのファッションアイコンとしての認知度の高さが音楽活動の注目度に作用していると分析されている。音楽評論家のキム・ユンハ氏はソウル新聞の取材に対し、「BLACKPINKは、各メンバーが一種の『ワナビー』のイメージを持っている」と話している（2020年7月7日）。若者の憧れの存在である彼女たちの新しい〝ルックブック〟として、MVが公開されるやいなや多くの人がクリックする。BLACKPINKは同曲で「へそ出し韓服《ハンボク》ルック」というまったく新しいイメージを生み出し、ユーチューブの再生回数で世界記録を樹立するなど大ヒットした。MVの見せ場でのスタイリングは、BLACKPINKのスタイリストが韓服の上衣を短くアレンジし、ミニスカートやロングブーツといった現代的なアイテムを組み合わせたもので、以後、K-POP界では韓服を取り入れた衣装が流行した。

手の込んだオリジナル衣装、ハイブランドによるスタイリングといった、K-POPアイドルの斬新なビジュアルメイキングは、楽曲やダンスパフォーマンスと並んで多くの人々の注目を集め、世界の新たなトレンドを次々生み出している。

二度おいしいリリース形態：リパッケージ

K-POPでは「カムバック」して楽曲をリリースする方式も日本とは異なり、「1集／2集」「リパケ」など、聞き慣れない用語が多い。韓国でも、シングルを何枚かリリースした後、それらをアルバムにして年に1回程度発表し、数年経てばヒット曲を集めたベスト盤を出すのが一般的なリリースの枠組みだと思っていたが、実際はカムバックのたびにアルバムが出る。

リリースされるCDの呼び方も独特で、韓国では（日本と同様に10曲程度収録された）フルアルバムのことを「正規アルバム」といい、リリース順に「1集」「2集」……と呼ぶ。が、近頃はそこに変化が起こっている。フルアルバムを準備するのには時間がかかるうえ、音楽配信サービスの発達でリスナーの音楽消費サイクルも短くなっている。人気グループがひしめき、新人が次々台頭してくるアイドルの勢力図を考えると、もっとコンパクトなアルバムを出すべきだ、ということで2000年代後半からは5〜8曲ほど収録された「ミニアルバム」を短いスパンで出してカムバックしていく戦略にK-POP業界は舵を切っていった。ミニアルバムは日本でいうところの「EP（Extended Play）」に似たものと思えばいいだろう。悠長に空白期間を設けていたソテジワアイドゥルの時代が懐かしい。

くわえて、K-POPのアルバム発表形態にも独自なものがあり、その典型は「リパッケージ」である（「リパケ」と略される）。これは発表したアルバム（正規アルバムが多い）に通常1〜3曲ほど新曲を追加して再度リリースする発売形式のことである。つまり前回発表したアルバムと内容がほぼ変わらないわけだが（したがって音源の権利購入元が新たに販売する「リイシュー（再発）」とは違う。2000年代のレディー・ガガやカイリー・ミノーグがヒットアルバムに新曲を追加してMVをつけた「デラックス盤」にやや近いだろうか）、「リパケ」することによってカムバックの間隔を狭められ、短いスパンでCDの購入をもう一度ファンに促すことができる。

2000年代後半あたりから、少女時代、BIGBANG、2AM、KARA、T-ARAなど、日本でもよく知られている複数のグループが乱立するアイドル戦国時代が始まると、カムバックしない空白期間に忘れられてしまう恐れからか、リパッケージアルバムが多くリリースされるようになり、2010年代には韓国でお決まりの手法になっていった。ロックバンドのLoveholicがデビューアルバム『F.L.O.R.I.S.T』発表の6か月後に出した『[RE:ALL] F.L.O.R.I.S.T』（2003年）が、リパッケージの最初の成功例としてよく挙げられる。

活動を休止してから1〜2か月後にまたすぐアイドルたちがカムバックしてくれるのはファンにとってうれしいことだし、リパケに収録された新曲で新しいMVやビジュアルが発表されるので（もちろんＣＤのパッケージも刷新される）、ファンとしてはまた買うしかない。とはいえＣＤの内容自体はほぼ変わらないので、リパケはやはり忠誠心の高いファンをターゲットにした戦略だといえる。アイドルファン以外にはＣＤが売れにくくなったいま、いかにコストと労力を削減して何度もファンに購入を促せるか、そのシステム作りの一環のようだ。というのも、リパケの売上はなんと元のアルバムの売上に加算され、２回分の売上が集約されるのでミリオンセラーを狙いやすい。つまり、新たにアルバムを作るよりも予算を抑えられて、ほぼ同じ内容で再び販促的起爆のチャンスを狙えるシステムなのである。見かけ上はまた新しいアルバムが出たという感覚なので、当然のようにサイン会や関連イベントも新たに開かれる。

　ちなみに「シングル」について述べておくと、もともとアルバムを提げてのカムバックがＫ‐ＰＯＰの定型であったことから、今でもリリースは少ない。しかし、デジタル配信によってリリースの物理的ハードルがぐっと下がったため、アルバム準備期間中に１曲だけ先行配信したり、話題作りを意図して他の事務所の歌

f(x)の正規アルバム『Pinocchio』（左）とそこに4曲追加されたリパッケージアルバム『HOT SUMMER』（右）。仕様も判型もデザインもまったく異なる。

手とコラボした「デジタルシングル」を発表したりするケースが多くなっている。

ミニアルバム、リパッケージ(アルバム)、デジタルシングル。市場の動向や制作の状況を見極めながらさまざまにリリース形態を切り替えているのは、アーティスト活動の中心に、音楽番組への出演を主とする一連のカムバックがあるからだ。一度のリリースで音楽番組でのパフォーマンス回数をいかに増やすか、いかにCDの売上につなげるかを考えて、リリースの仕方を柔軟に組み合わせている。必ずしもアルバムをひっさげて大々的にデビューしなくてもいいし、出したシングルをアルバムに収めなくてもいい。そう考えると、リリース頻度を優先するK‐POPで10曲前後収録されたフルアルバムを「正規」アルバムと呼ぶのもなんだか理解できる。日本を含め海外ですでに大々的なツアーを行なったBLACKPINKも、「正規1集」と呼ばれるフルアルバムはデビュー4年目の2020年10月に発表されたくらいだ。

最近はK‐POPのリパケ文化がさらに進化しつつある。TWICEは、2018年と2019年に発表した日本版アルバムの2枚とも、その3か月後に新曲を1曲追加したリパケを発売し、そのリリース習慣がない日本に「リパッケージアルバム」という名のまま韓国式のリリース形態を輸出した。また、元のアルバムに曲を増やしていく方法が主流のなか、Stray Kidsが2020年に発売した『GO生』のリパッケージアルバム『IN生』

には、リパケでは珍しく8曲も追加され、収録曲が大きく入れ替わっていた。いまや正規アルバムとリパケアルバムを対のコンセプトにして、グループの新たな世界観が2枚で完成するように作られているものも生まれるなど、リパケは単なる増補盤以上の価値を持つようになった。

ところで「キノアルバム」という形態を見たことはあるだろうか。2014年のGirl's Day『会いたい（보고 싶어）』が初めて採用したこの形は、手のひらサイズの薄くて小さな四角形のパッケージに音源と高品質の画像・映像データを収録したものだ。専用アプリをスマホにダウンロードしてBluetooth接続すると、収録されたそれらのコンテンツが楽しめて、Chromecastのようなメディアストリーミング用デバイスを使えばテレビでも映像を見られる。所有したくなる物質性を残したまま実用性も兼ね備えたキノアルバムは、通常のアルバムよりも安価なこともあって、最近ではアイドルがキノ形態でアルバムを発売することも目立ってきた。「持ち歩きしやすいアルバム」という新たな音楽の楽しみ方を提案し、特典としてトレカを付けたり、ジャケットをオリジナルデザインにしたりして販売量を増

株式会社ミューズライフが2014年に開発した新形態「キノアルバム」。専用アプリ「KiT Player」をダウンロードし、マッチ箱大の本体をスマートフォンに近づけると認識され、しばらく離すとデータが消える。

やしている。

フリーコンテンツの多いK-POPにおいては、コンサート動員とともにファンのCD購入もあってようやく収益につながる。さまざまな発売形態を組み合わせつつ音源を売ろうとしているのを見ると、カムバックはその販促活動にも思えてくる。

グッズ化するCD：所有と体験

インターネット先進国の韓国では今から18年前の2003年、世界でもかなり早くに音楽配信（デジタル）の売上が音楽ソフト（パッケージ）の売上を上回っていたことは第1章でも述べた通りだ。しかも、世界各国で音楽ソフトの売上が軒並み下がっているのとは反対に、韓国では珍しく伸びているのだった（2018年、韓国では前年比28・8％増加。日本は3％減少）[※13]。なぜ韓国ではCDがいまだに売れているのだろうか。近年アナログレコードやカセットテープを購入する若者が増えているが、その「アナログ回帰」とは異なる方向でK-POPのCDはニーズを発掘している。その秘密の鍵を握るのは、独自のプロダクト性だ。

まえがきにも書いたが、私がデザイナーとして韓国に渡ったきっかけは、K-POPのCDデザインの美しさだった。友人からシェアされたWonder GirlsやSE7ENのMVを見て、「あれ、思ってた『韓流』のイメージと違うかも？」とぼんやり気づき始めていたところに、新大久保で出会ったK-POPグループの多彩な形状のCDに完全にビビッときて、そこからのめり込むようにデザイナーやアートディレクターを調べるようになったのだった。

単にデザインがかっこよかったから、というのもあるが、miss A『Bad but Good』（2010年）の規格外の三角形のCDや、SUPER JUNIOR『Mr.Simple』（2011年）の30センチ四方の巨大なCD、さらにはBIGBANG『ALIVE』（2012年）の、タイトル通りにだんだん錆びていく鉄の容器など、日本ではまず見たことがないようなパッケージには韓国人クリエイターのデザインに対する探求心が見事に詰め込まれていた。それらの大半が輸入盤で2000円以下で買えるにもかかわらず（韓国では1200〜1400円）、ほとんどのCDには歌詞カードに加えて分厚いブックレットが当たり前に付いているのも、これまで自分が知っているCDとはまったく違っていた。

※13 IFPI, "Global Music Report 2019," 2019.4.2

K-POP黎明期の2005年からYGエンターテインメントでデザインを担当していたアートディレクターのGDSTさんによると、K-POPのCDパッケージがこれほどまでに多様化したのは、わずかここ10年ほどの話だという。1990年代後半までの韓国のCDを見ると、日本でも定型の、正方形のプラスチックケースの前面に歌詞カードを入れて、その向かいにCDが収まった形態だったことがわかる。大手芸能事務所のSMエンターテインメントとYGエンターテインメントの2社が社内にデザイン・ビジュアルを専門としたチームを作り、それまでとは違うCDデザインに挑戦し始めたといわれているが、芸能事務所がグラフィックないしプロダクトデザインのコンセプト策定から実作業までを社内で完結させていると知ったときは驚いた。

GDSTさんがYGで働いていた当時、デザイナーは2人だけだったが、現在では十数人規模のデザインチームに成長している。所属アーティストが少ない小さな事務所は常勤のデザイナーを抱えないというのが今でも一般的だが、YGはBIGBANGが結成されて間もない頃からすでに社内デザイナーを置いていた。創業者がもともとファッションやデザインが好きだったというのもあるが、デザイナーが専属することで曲の制作過程を身近に見られてアーティストや作品への理解度が深まり、それがクリエイティブの質に還元されると考えたそうだ。アイドルのカムバックは「MV・CD・音楽番組」の3つが大事な柱だが、その前には1か月以上にわたる入念なティザープロモーションに付随してティザーカットやティザー動画など大量のデザイン作業が発生するし、その後にもポップアップストアやサイン会など、カムバックの世界観を濃縮したCDをめぐってデザインの現場はたくさんある。

K-POPのCDで今でも忘れられないのが、SHINeeの『ROMEO』（2009年）に封入されたブックレットだ。ページ半分以下にまでメンバーの写真を縮小したレイアウトや、まるでカメラが存在しないかのようなふとした表情を写したカットもあって、それ以前のモデルのサンプル集のようなアイドルCDとは完全に異なっていた。商業的な要素をいっさい排除して芸術性を突き詰めたアートワークによって、SHINeeだけの世界観が手元に表現されていたのだ。

ジャケットのデザインだって変わっている。日本のアイドルCD（K-POPのCDの日本版を含む）だとメンバー全員が同じ比率で写った集合写真を使うのが暗黙の前提なのに、韓国では作品のコンセプトとマッチしていればメンバーの誰か一人だけを前面に押し出すケースもあっ

NCT 127のミニアルバム『LIMITLESS』。歌詞ブック、フォトセット、ポスター2枚、ポストカード、ロゴステッカーが封入されている。CDジャケットも3パターンある。

て、そもそも本人たちが一人も表に登場せず、抽象的なロゴやグラフィックでデザインされている場合が多い（これはサブスク先進国として画面上の小さなサムネイルを強く意識しているというのもあると思う）。ＣＤというプロダクトをはなからアイドルの宣伝媒体とは考えていないのだろう。

最近ではBTSの『MAP OF THE SOUL：7』（２０２０年）のＣＤをジャケ買いした。デビュー7年目に発売されたこのアルバムは、縦30センチもある大きな白い箱に数字の「7」のグラフィックが印刷されていて、アイドルグループのアルバムというよりApple製品のような無機質なパッケージだった。ＢTSほどファンダムがグローバル化してくると、若いファンに向けて「かっこいいオッパ（お兄さん）」をわかりやすく表現する必要はなく、むしろさまざまな年齢・性別・文化的背景の人たちが手に取りやすいよう、パッケージもどんどんユニバーサルデザイン化していくのは納得がいく。

Ｋ-ＰＯＰのＣＤは、仕様や封入物にも工夫と遊び心が存分に詰め込まれている。韓国ではアイドルのＣＤは通常２～3種類（多いときはメンバーの人数分）の仕様で発売される。もちろん日本のＣＤでいう初回盤と通常盤も、ジャケットのデザインと特典映像ないしボーナストラックが異なるように作り分けられているが、Ｋ-ＰＯＰだと仕様が違えばサイズや素材までびっくりするくらい変えてくるケースもあり、封入される分厚いブックレットの写真もすべて別のカットになっていたりする。共通するのは収録されている曲だけ、といっても過言ではない。

また、1枚のCDにランダムで封入されるアイテムの種類もとにかく多い。アルバムごとにアイテムは異なるが、ミニポストカード、トレーディングカード、ポスターなどがいくつも同封され、メンバー別にバージョンが異なる。最近では、コースター、ARカード、タトゥーシール、しおり、メンコといった、ユニークなアイテムも封入されている。ちなみにこれらは町工場で手作業で封入されているようで、アイドルが自分たちのアルバムを作っている工場に社会科見学に行く動画も無料で公開されている。

K-POPファンのよくある悩みが、大きさも形もバラバラなこうしたCDの収納で、それは店頭とて同じこと。パッケージのクリエイティブ競争が激化し始めた2010年代初頭は、デザイナーと卸し先のCDショップとの調整が大変だったそうだ。クッキーでも入っているかのような丸いステンレスの缶の中にメンコに似た丸い歌詞カードを収納したPSYのアルバム『Psy 6 Gab Part 1』を出した際は、CDショップの人にぶつぶつ文句を言われたとGDSTさんは笑う。現在の多種多様なパッケージ形態が実現するまでに、大手事務所によるチャレンジが続いたようだ。

開封体験そのものが価値のあるCD

そもそも韓国にはCDショップがものすごく少ない。1990年代には全国に2万店以上あったのが2017年には100店以下になったといわれている。だから今となってはCDショップを見つけるのも一苦労で、いまだにリアル店舗に行こうとするのは海外からCDを買いに来たK‐POPファンか、サイン会のために所定のショップでアルバムを買う必要がある、これまたK‐POPファンくらいだろう。したがって韓国人はアイドルのCDやグッズもネットで買うのが日本よりもさらに一般的で、だいたいの買い物をオンラインで済ませる。CDの流通規格が整備される前から芸能事務所がパッケージの新しいスタイルを開拓していたところに、ネットショッピングの普及もあいまって、K‐POPのCDの自由すぎる多様性が確立されてきたのだろう。

事務所の大小にかかわらず、どのアイドルのCDも特殊印刷・特殊加工のオンパレードで、デザインに興味がある人なら「どうしてこんなことが、こんなに安くできるの⁉」と不思議に思うことだろう。MV同様にクリエイティブにかける情熱と予算の大きさについて、GDSTさんはこう説明する。「楽曲制作だけでなく、衣服やグラフィック、MVなど全方位のクリエイティブに対してお金をたくさん使って音楽業界を良くしていこうという責任感が業界全体にあります。逆にいえば少しでも手を抜くとフィールドに上がれないため、『良いものを作ればうまくいく』と信じて小さな会社も大手を真似しながら頑張って資金を投じる。その結果、K-POPのクリエイティブの平均値がどんどん上がっている感じです」

CDをうれしそうに何枚も購入するファンを見ていると、サイン会に応募するため以上の何かがあることに気づく。K-POPのCDはとりわけ「開けて楽しむ」ことにフォーカスされているのだ。同じグループのCDでも、シールを剝がしたり、上蓋を開けたり、スリーブを外したりと、開封の仕方に毎回驚きがある。ランダムに封入されるグッズもCDのどこに挟まっているか予想もつかず、サプライズポイントが1枚の中に何か所も用意されているのだ。いま世界的にメガヒットしている「サプライズトイ」のように、中に何が入っているか開けるまでわからないわくわくどきどき感が、K-POPのCDを開封するときの大きな楽しみでもある。実際にファンたちはそれらの「開封動画（Unboxing）」を多数投稿していて、SNSを通じてその高揚感を共有している。

CDのおまけにすぎなかった、ランダムに封入されるトレーディングカード（トレカ）も独自のファンカルチャーを生み出している。ファンの

アイドルグループTXTのメンバーが自身のアルバムをいちから開封するASMR動画。['minisode1 : Blue Hour' Album Unboxing - Ghosting Ver.(TXT ユーチューブチャンネル) より]

証として常に持ち歩き、どこかお洒落なカフェに行けばカードに写る推しとスイーツを一緒に撮る、というトレカだが、韓国ではビニール素材のかわいいトレカケースが各雑貨ブランドから販売されるなど、アイドルファンのトレカ用グッズが多数登場している。トレカにステッカーをぺたぺた貼ってデコレーションし、自分だけの「デコトレカ」を携帯するファンも増えていて、デコに適した韓国製のシールをわざわざ日本でも購入する人がたくさんいる。こうしたトレカ文化の熱気は事務所側も認識していて、日本のAKB48系列グループのライブや2・5次元舞台などで見られる「トレーディングエリア」がSEVENTEENの日本公演時にもファン向けに公式に設営されていて、コミケのような人だかりができていた。

サブスク時代における「音楽ソフトを所有すること」に対して、K-POPのCDはデザインや形態、仕組みなど、さまざまな方向から新たな価値と体験を提示している。そうしたモノとしての価値が認められるのも当然の成り行きで、2020年にはBTSの連作アルバム『LOVE YOURSELF』が世界的に権威ある「レッドドット・デザインアワー

SEVENTEENの日本公演では、トレーディングが会場前や駅構内で行なわれるのを防ぐために、金銭授受の禁止を条件に専用エリアが運営によって設置されている。

ド」3部門のうちのコミュニケーションデザイン部門で受賞したのは象徴的だ（同作品は2018年のグラミー賞で「ベスト・レコーディングパッケージ部門」にもノミネートされている）。3枚のアルバムのデザインは、テーマの「自己愛」を花が咲いて散る過程にたとえ、有機的な線で表現した。過去にはSMやYGアーティストのCDパッケージも世界三大デザインアワードで受賞している。

切磋琢磨を重ね、わずか10年でCDパッケージをここまで進化させてきた韓国のデザイナーたちの熱量とスピード感には脱帽するしかない。今後さらにCDのグッズ化が加速し、付録がメインのファッション雑誌のようになってしまったら残念だが、パッケージの核にアイドルの揺るぎないコンセプトがあるかぎり、まだまだ進化の伸びしろはあると思う。いまアイドルやダンサーになりたくて若者たちが続々と韓国へ学びに向かっているように、今後は韓国にデザイン留学する人も増えていくのではないだろうか、なんて、K-POPのCDを眺めながら感じている。

5

K-POPの未来

アイドルに求められるもの

突然だが、アイドルにどこまで求めるべきか、考えてみたことはあるだろうか。圧倒的な歌唱力やパフォーマンス力でもってファンの期待に応えることは音楽活動を続けていくためにも必要なことだろう。それを鍛錬するためにデビュー前の長い練習生期間がある。また近年だと、自分たちが発信する各種のコンテンツやSNSでのサービス精神（ときには企画力）も求められるだろう。そうした発信が海外までとなると、高い語学力も求められる。これだけでもう十分な気もするが、最近さらにアイドルたちに求められるようになったのが、「品行方正な人格者である」ことだ。

K-POPアイドルたちが活躍の舞台をグローバルに広げるようになってから、その必要性はますます高まった。2020年にアメリカを中心にブラック・ライブズ・マター（BLM）運動が再燃した際には、K-POPアイドルのインスタグラムに、「この問題に黙ってるつもりなのか？」「SNSでBLMについてシェアしろ！」といったコメントが無数寄せられていた。多くのアイドルが自発的にBLMについて投稿したらしたで今度は、「いうだけじゃなくて財布を開け（＝寄付をしろ）！」といった直接的で容赦ないコメントが後を絶たなかった。

ちょうどその直前に日本では、検察官の定年を延長する検察庁法の改正案への抗議がツイッター上で盛り上がり、アーティストや芸能人が「政治的発言」をすることに賛否両論が巻き起こっていた。「芸能人は政治に口を出すな」と、発言すること自体に「否」が多く寄せられる日本の現状はどうかと思うが、かといって、有無をいわさず芸能人に社会・政治的発言を強いる韓国（およびK‐POP）の状況も行きすぎのように感じる。社会の不正や多様性の問題について声を上げていくのは大事だが、それがアイドルだからといって催促されるものでもないはずだ。

圧倒的なパフォーマンスと美しい容姿に加え、多言語を操って社会的にも意義のある活動をするK‐POPアイドル。「こんなにも素晴らしい人間なのだ！」と推しを持ち上げるのは勝手だが、要求が過ぎるあまり彼らを窮屈なアイドル像へと押し込めてしまってはいないだろうか。

ボーカルトレーナーのキム・ソンウンさんもこうしたアイドルへの過度の期待について警鐘を鳴らす。「みんな幼い年齢でアイドルになってしまって、自分でメンタルをコントロールする術を知らずに傷ついている。一般の人は社会に出て失敗を通して学んでいくのに、彼らはアイドルになったその瞬間からただの一度も失敗が許されない。私はBTSのうち3人のメンバーをずっと見てきましたが、昔は『ヘーイ！　セム！（「先生」の略語）』と気さくに話しかけてきてくれたのに、久々に会ってみると『ア、アニョ……ケンチャナヨ……（いいえ……結構です……）』と控えめな言葉遣いになっている。一番の失敗のもとは言葉だからです」。アイドルたちのかしこまった姿を見ると、若いうちはもう少しおおらかに、たまにはみ出すくらいでもいいんじゃないかと思う反面、そうやって常に自己管理する姿勢でいるからこその成功なのかもしれないと感じるという。「TWICEのメンバーのツウィも20歳を過ぎたばかりなのに、決して失敗しません。アイドルの完全無欠な部分に対しては、かっこいい、気の毒だ、痛ましい……といった感情が入り混じります」

私が新卒の頃なんて会社の電話を1本取るだけでもドキドキしたものだが、高校生ほどの年齢の子たちが大勢の前で一度たりとも失言せずにスピーチをし、それがいまや世界中に配信されている。いったいどれだけのプレッシャーとストレスなのかはいくら想像しても足りない。

作曲家のファン・ヒョンさんも「私は芸能人がかわいそうに思うときもあります。政治家、いや、ほとんど聖人に近い存在。公的な言葉しかいえないんです」と話していた。ファンダムの力が世界に及ぶほど強大になったいま、アイドルとファンのあいだの力の均衡も崩れ始めている。アイドルの誕生日や新曲発売日にファンがツイッターでハッシュタグを拡散するのと同じように、問題を起こしたメンバーの脱退を要求するアウトタグ（「#OUT〇〇〇（メンバー名）」）運動や署名活動が集団的に行なわれているのを幾度となく目にしてきた。ファンダムの強固な団結力は、良いほうにも悪いほうにも盛大に働くのだ。

芸能人である以上、人に悩みを簡単に打ち明けられない、という問題もある。練習生期間もデビュー後も競争に次ぐ競争で、一度立ち止まってしまうと次のチャンスはやってこない。日本でもたびたび報道されるK-POPアイドルの薬物問題や自殺を個人の複雑な事情を抜きにして「K-POPの闇だ」と乱暴に一括りにしたくはないが、彼ら彼女らが置かれている環境の構造的な問題は看過できない。

だからこそ、ソンウンさんはアイドルたちに個として向き合っているという。「レッスンでは時間を多めに取っても話を聞くだけのときがあります。だからといって、事務所に『今日のレッスンは3時間でした』とはいいません。彼らが休みのときにも、一緒に美味しいものを食べながら、面白い話もつらい話も全部聞いています。その話を誰かにいったり、写真を一緒に撮ってアップしたりもしません。彼らが無防備でいられる人が誰か一人でもそばにいてあげるべきではと思っているからです。みんな化粧もしないで会いに来てくれますよ」

どんなに素晴らしい能力やタレント性を備えていても、アイドルは一人の若者にすぎない。そのことを忘れて彼らに「正義」を押しつけるのなら、それこそ本当の「偶像」になってしまう。

高まる「公正さ」への意識

K-POP界では現在、急速にポリティカル・コレクトネスへの意識が高まっている。BLACKPINKの「How You Like That」（2020年）ではヒンドゥー教の神様であるガネーシャの像を無礼な形でMV中に使用したことが「文化の盗用」だと批判され、所属事務所は映像から該当部分を削除した。ソロ歌手WOODZのティザー写真ではネイティブ・アメリカン風の髪飾りが議論に上がり、同じく削除対応していた。過去にもK-POPではコンテンツにドレッドヘアを安易に取り入れて、黒人文化の盗用だとバッシングを受けている。ファッションの現場でも昨今、マイノリティの文化や歴史が搾取されているとたびたび問題となっているが、特に近年はK-POPにおいても、こうした話題が頻繁に耳に飛び込んでくるようになった。人種、宗教、ジェンダーなどにまつわる差別や偏見をなくそうというポリティカル・コレクトネスが市民として求められる時代である以上、それはアイドルだけでなく作り手たちも例外ではない。

近年セックスアピールを強調するダンスが減ってきたように、かつてはK-POPに当たり前にあった「男らしさ」「女らしさ」を鼓舞する曲や、異性愛を前提とした歌詞も減ってきている。MONOTREEのファン・ヒョンさんもこう話す。「言葉の選択には気をつけながら歌詞を書いています。僕がプロデュースを手がけているONFの場合は、『彼女(she)』や『彼(he)』といった、性別が特定できるような単語の代わりに、『그《ク》(that)』や『너《ノ》(you)』と表したりします。中高生は一つひとつの単語を大人以上に敏感に捉えてしまいますから。特定の誰かではなく『大衆』を相手にする仕事である以上、受け取られ方には気を遣わなければならないのです」。韓国の作り手のこうした「公正さ」に対する意識は、男性アイドルのインタビューで「好きな女性のタイプは?」といった質問がいまだに当然のように発せられる日本から見ると、ずっと先を行っているように感じた。

韓国では2018年に#MeToo運動が社会現象にまでなった際、告発した人を一人にしないという連帯の意思を示そうとして、被害を受けた女性がSNS上で自分の経験を書いたり、ハッシュタグを拡散したりしていた。そしてアイドルファンのあいだでも、以前のコンテンツに性差別的表現が含まれていないかどうかもう一度点検しようという動きが起きた。

「昔は受け流していた男性アイドルの発言に対して、『女性をモノ扱いするような歌詞は書かないでほしい』『女性アイドルがもっと才能を発揮できる機会を与えて』などとＳＮＳで声を上げる女性ファンが増え、新世代のガールズアイドルグループに共感し、彼女たちを応援するようになってきています」とＫ‐ＰＯＰライターのパク・ヒアさんは話す。自身もプロデュースするアイドルが多いＫ‐ＰＯＰ界だが、男性に比べるとまだ女性アイドルが作詞・作曲に参加することは少なく、制作機会を男女平等に与えてほしいという声もＳＮＳ上で上がるようになった。

そうしたフェミニズムの躍動を受けて、最近は韓国でも「女性が憧れる女性」を意味する「ガールクラッシュ」を体現する女性アイドルグループが増えたと感じる。ヒアさんいわく、もともとはTWICEのジョンヨン、f(x)[※1]のアンバー、MAMAMOO[※2]のムンビョルのような、ガールズグループの中にいるボーイッシュなメンバーに対して使う言葉だったのが、今では「主体性を持った女性像」という意味で使われている。

２０１９年に韓国で放送された「Queendom」という音楽番組では、６組のガールズグループによる楽曲対決を通じて、こうした「女性をエンパワーする」女性アイドルの新しい姿が話題になった。番組中に(G)-IDLEは、人から与えられるのではなく、自らの手で自分の王冠を被る振付が特徴的な「LION」のパフォーマンスを披露した。ＡＯＡはボンテージ衣装にヒールを履いた男性ダンサーをたずさえて女性ダンサーとともにスーツを着て踊り、性別に対する固定概念を覆すステージは多くの人に支持された。また、AOAのジミンが歌った「私は散ってしまう花にはなりたくない／I'm the tree」という歌詞は、「SNSを通じて多くの人にシェアされ、韓国の女性のあいだですごく話題になったフレーズでした」とヒアさんは振り返る。

ヒアさんはガールズグループの行く末をこう占う。「アイドルは大衆を相手にしたものだから、社会の流れには常に敏感でないと成功しません。『私は最高』と強い自己肯定を掲げるガールズグループが多いなかで、MAMAMOOのように『どんな私でも他人の目は関係ない』と、社会の期待に沿うことに疲れた韓国女性を代弁できるガールズグループが共感を得ています。けれどファンには男性もいるので、そのままストレートに『フェミニズム』を打ち出すのではなく、あくまでコンセプトの中に忍ばせるといった工夫は必要

※1　f(x)（エフエックス）　当時SMエンターテインメントのアートディレクターだったミン・ヒジン氏がデビューからアートディレクションを担当。独特な音楽性と芸術性の高いコンセプトで女性やサブカル層を中心に支持される。芸術品のようなCDにはコレクターも多い。

※2　MAMAMOO（ママム）　韓国アイドル界の中でも抜群の歌唱力を持ち、メンバー全員のソロ曲がビルボードにチャートインした唯一のガールズグループ。楽曲に込められたメッセージや堂々たる舞台だけでなく、普段の自由に振る舞う姿は多くの女性の共感を得ている。

でしょう。社会的なイシューに敏感に反応していくマーケティングが大事になります」

K-POPアイドルが敏感に社会の流れをキャッチして表現に取り込む一方で、エンターテインメントとしてどこまで「正しさ」を標榜するべきか、そのバランスは難しい。世界中から注目を受けるK-POPでは、昼夜さまざまな立場からの意見や指摘が事務所に寄せられる。問題が起こるたびに作り手の意識がアップデートされていくK-POPには、社会的公正に真正面から取り組む姿勢が見えた。

K-POPのグローカライゼーション

日本でも活動しているK-POPアイドルたちは流暢な日本語で歌うが、これは日本市場に合わせた「ローカライゼーション」(現地化)の努力の賜物だといえる。現地のトレンドをベンチマーケティングし、現地の作曲家に曲を依頼し、現地語で歌唱するだけではなく、現地で親しまれている人気番組に出演するなど、その国のアーティストと変わらないプロモーションをかつてのK-POPアイドルたちは行なってきた。少女時代、東方神起、SHINeeなどが所属し、日本でのK-POPブームの一翼を担ってきたSMエンターテインメントは1990年代末のH.O.T.の頃からすでにこうしたやり方で、日本や中国をはじめとして海外に進出し続けている。

K-POPアーティストを世界に送り出す理由には、自国における興行キャパシティの頭打ちな状況も挙げられる。熱狂的なファン以外は有料でライブ公演を見に行く習慣があまりない韓国では、コンサート施設はソウルに集中していて、かつアリーナのある大規模な会場は2つしかない（地方ではホールや体育館を代用するが、公演自体が少ない）。国内最大の蚕室《チャムシル》総合運動場は7万人収容できるが、屋根がないという問題がある。KSPO DOME（オリンピック体操競技場）の収容人数は1万5000人ほどで、3階席からでもステージが近くに感じられる。つまり韓国ではトップアイドルですら日本の横浜アリーナやさいたまスーパーアリーナよりも小さな会場で公演を行なっているのだ。

会場が限られた韓国の国内ツアーで動員できるのはせいぜい4～5万人、BTSレベルであればソウルで数日間公演を行なってやっと10万人だ。日本だと地方都市であってもドームやアリーナレベルの施設が揃っていて、遠征して観覧する人も多いので、一度のツアーで何十万人も動員することができる。したがって、日韓でツアーをした際のチケットとグッズの売上の差は大きく広がる。たとえば2016年にBIGBANGがワールドツアーを行なった際、韓国の蚕室総合運動場での動員数は5日間で15万人、一方で日本全体での動員数は180万人（18公演）だった。「日本はスタジアムやドーム、アリーナと、コンサート施設が豊富で、人口も韓国の倍ほどある。YG、SM、JYPが韓国でいわゆる『三大』芸能事務所といわれている内実は日本でアリーナレベルのツアーができるかどうかで、それくらい日本での集客力は重視されている」と、当時YGで働いていたSINXITYさんは説明してくれた。

こうした背景から、今では多くのK-POPアイドルが韓国デビュー後すぐに「日本デビュー」し、日本語版の楽曲リリース、日本公式ファンクラブ設立、日本でのショーケース開催、という一連のプロセスが踏まれる。日本市場開拓の先鞭《せんべん》をつけたのは紛れもなくBoA※3である。彼女は2000年に韓国でデビューした後、2002年から活動の軸を日本に置き、日韓でオリジナルアルバムを作り分けながら、日本のバラエティ番組に出られるほどの日本語能力も身につけた。楽曲からプロモーションに至るまで「J-POP」のトレンドに沿ったローカライゼーションの徹底によって、日本での知名度を確立したのだ。BoAが作った道を後輩の東方神起が地道な営業活動によって整備したおかげで、第二次K-POPブーム時には多くのグループが日本で活動できるようになった。一定期間日本に住んで活動するグループも出現し、いっときは日本進出そのものがK-POPグループの登竜門になっていた。

しかしその後はＫ‐ＰＯＰのローカライゼーションのあり方も変化していく。BoAや東方神起が完璧な「現地化」を成功させた例だとすれば、タイ人メンバーのニックンを抱えて２００８年にデビューした2PM[※4]や、韓国人・中国人・台湾系アメリカ人のメンバー構成でその翌年にデビューしたf(x)は、今のＫ‐ＰＯＰでは〝常識〟となっている「多国籍化」の先駆けである。つまり、市場となる国ごとに時間をかけてアイドルを現地適応させるのではなく、結成の段階からそうした国のメンバーをグループに取り込むことで、より効率的に世界進出しようという戦略である。

なかでも、長らく中国市場の開拓を狙っていたＳＭエンターテインメントは、東方神起、SUPER JUNIORへの中国人メンバー加入で培ったノウハウをついにEXOという形で開花させた。２０１２年、ＳＭが４年ぶりに放ったボーイズグループのEXOは、韓国で活動するチームEXO-K（KoreanのK）と中国市場を担当するEXO-M（MandarinのM）と

※3　BoA（ボア）「K-POP」という言葉が定着する前から活動していたK-POPの開拓者。カムバックの密着映像を見ればそのストイックさに息を呑む。大名曲「Only One」は、歌謡祭のたびに相手役ダンサーをどのアイドルが務めるかで話題になる。

※4　2PM（トゥーピーエム）　セクシーな男性らしさを「野獣ドル」というキャッチフレーズで売り出し、日本でも人気に。衣装を引き裂くパフォーマンスを頻繁に行なっていたため、彼ら以降は音楽番組で乳首を両方出してはいけないというルールができたという逸話も。

に分かれ、同じ曲をそれぞれ韓国語と中国語で歌って同日にデビューした。プロモーションも二手に分かれて現地で同時に行なうことで、韓中のファンダムをともに開拓したのだった。状況に応じて分離・合体できるEXOは2013年に発表した「Growl」が中国でも大ヒットし、名実ともにアジア随一のボーイズグループとなっていった。

こうして世界のK-POPを牽引していったSMエンターテインメントのイ・スマン会長は2016年、「SMタウン：ニューカルチャーテクノロジー2016」と題する事業計画をプレゼンし、新しいボーイズグループNCTの結成を発表した。「NCT」はこの「Neo Culture Technology（新文化技術）」の頭文字に由来することからも、メイド・イン・コリアの「文化」産業を世界に輸出していくためのグループだということがわかる。SMは今後、「NCT」というブランドのもとに多国籍なメンバーを世界中からグローバルに集め、それぞれの市場＝世界の都市ごとにチームを編成してそれを中長期的にローカルに複製していく狙いだ。

実際にイ氏は2018年のビジネスセミナー※5でNCTのベトナムチームの構想についても触れているが、これは同一グループの多チームが世界市場を同時多発的に開拓していく新しいモデルである。この手法をとると、たしかに各チームの知名度が確立するまでは時間がかかるが、それらが合体したときにファンダムは一気に大きくなる。NCTがローンチする直前、SMのイ・ソンスプロデュース本部長はすでに、NCTを「グローカライゼーション（グローバリゼーション＋ローカライゼーション）」の概念を体現するグループだと語っている（2015年末の「聯合ニュース」の取材）。現地のニーズに応えるのと同時に世界に通用するアイドルを作り出すグローカライゼーションは、基盤となるファンを確保しながらも世界的に知名度を上げていけるので、ローカライゼーションよりも効率的に人気を作り出すことができる。

近年のこうしたK-POPの「グローバリゼーション」は、〝目に見えないもの〟の輸出へとシフトしている。トレーニング方法、楽曲やMVやスタイリングなどのクリエイション、プロモーションについては韓国で培ってきたシステムを用い、事務所、人材、販路、プラットフォームは各国の市場に合わせて調達するという方式によって、世界のアイドルシーンが「K-POPナイズ」されてきているのだ。

たとえば、威神Vは先述したNCTの中国チームで、中国ルーツのメンバーによって構成され、中国語楽曲を発表している。楽曲制作、クリエイティブ、プロモーションなどK-POPを長年リードしてきたSMエンターテインメントのプロデュース能力を存分に

※5　韓国・ベトナムビジネス協力セミナー「韓国とベトナムの協力を通じた文化産業の未来戦略」2018年

使い、中国のアイドルシーンに新たな風を巻き起こしているのだ。またSB19は、韓国の事務所が直接トレーニングしたフィリピン人の5人組グループで「P-POP」として売り出され、東南アジアのアーティストでは初めてビルボード・ソーシャル50にランクインしている。

「アイドルグループの作り方」も韓国流がアジアに広がっている。サバイバル・オーディション番組PRODUCEシリーズの日本版「PRODUCE 101 JAPAN」からJO1というグループが生まれたことは繰り返し述べてきた。CJ ENMと吉本興業の合弁会社に所属する、メンバー全員が日本人のグループだ。楽曲や振付、ティザー、MVなど一連のクリエイティブに韓国制作陣を起用し、リレーダンスやビハインド映像などのK-POPおなじみの動画コンテンツ、ツイッターのメンパ（リプ返しイベント）やインスタライブなどのSNSを多用したK-POP式プロモーションを採用していて、「パッケージ化されたK-POP」の輸出の好例である（2021年にはシーズン2も放送される）。

中国においても、韓国からPRODUCEシリーズの番組フォーマットを購入した「創造101」の放送をきっかけに「偶像練習生」「青春有你」「創造営」といったアイドルのオーディション番組が乱立している。トレーナー陣には中国の著名アーティストだけではなく、EXOのレイ、GOT7[※6]のジャクソン、宇宙少女[※7]のソンソ、BLACKPINKのリサなど、韓国のシステムで育成された現役K-POPアイドルたちが顔を揃えている。

また最近では、現地事務所との合弁会社を通じてではなく、韓国の大手事務所が直接的に現地の人材を採用してアイドルグループをプロデュースするという動きが顕著になっている。JYPエンターテインメントから2020年にデビューし、「Make you Happy」が公開15週目でストリーミング1億回再生を記録したNiziUがまさにこの形である。JYP.エンターテインメント代表のJ.Y. Park氏は、創立20周年に発表した事業プレゼンテーション「JYP 2.0」の中で「GLOBALIZATION BY LOCALIZATION」を掲げ、K-POPの世界戦略の未来像を3段階にまとめていた。第1段階は、「韓流」と呼ばれていたような韓国コンテンツを海外へ輸出する。第2段階は、2PMのニックンのように海外の人材を発掘し韓国のアーティストと組み合わせる。第3段階は、海外で直接人材の育成とプロデュースを行なって現地の市場を攻略する。この最終段階にあたるのが、ま

※6　GOT7（ガットセブン）　多国籍メンバーによるボーイズグループの先駆けで、それゆえ海外人気も抜群。1曲のあいだで緩急目まぐるしい振付をこなしながらパワフルに歌うため「職人グループ」と呼ばれる。所属事務所が全員異なるグループとしての活動を開拓している。

※7　宇宙少女／WJSN（うちゅうしょうじょ）　韓中2社による共同プロジェクトグループ。うちメンバー2人が中国版「PRODUCE101」で合計約3億7400万票を獲得し、期間限定グループに出向。中国で絶大な人気を誇るメンバーがどんなふうに韓国での活動に戻るのか動向に注目。

さにNiziUである。J.Y.Park氏はその発展形として、今後もNiziプロジェクトの日本人男性版やアメリカ版を推進していくことを示唆している。

韓国式のハードな練習を積んで、K-POPの作曲家が作った曲を歌う。けれどメンバーは韓国人ではない。そんなJO1やNiziUに対して、「これはK-POPなのか？ それともJ-POPなのか？」といった議論を日本ではよく耳にするが、もうそんな問いが意味をなさないほど「K-POP」は世界に浸透している。BTSがグラミー賞の単独ステージで歌うことが決まる10年も前に、SMエンターテインメント代表理事のキム・ヨンミン氏は、「どこの国の人が、どの言語で曲を歌うのか、ではなく、これからはアジアが一丸となって世界レベルで素晴らしい楽曲とアーティストを作ることが大事になってくる」と熱く語っていた（2011年、日本テレビ「さんま&所の世の中を動かしているのは誰だ会議」にて）。この発言がいま予言のように響くのは、K-POPシーンの最前線にいる作り手たちが、「アジアをエンタメの中心地に」という大きなビジョンを実現するために走り続けてきた成果があるからだ。「韓国人が韓国語で歌う韓国のポップス」という定義を超えて進化した「K-POP」は、もはや音楽のいちジャンルを超え、クリエイションか

2018年に行なわれた事業プレゼンテーション「JYP 2.0」。アーティストごとの社内専任チームの設置、作業効率アップのための制作設備の完備、従業員の包括的ケア、外国人で構成されるK-POPグループの立ち上げを含む、4つの事業戦略を提示した。

らプロモーションまでのノウハウが詰めこまれたひとつのパッケージになっている。本書はこれまでK‐POPの作り手がファンと一緒になって切磋琢磨しながら作り上げてきたシステムを一つひとつ解きほぐしてきたが、それらはいま世界各国に輸出され、「韓国人のいないK‐POP」「韓国語で歌われないK‐POP」が世界中にたくさん生まれつつある。今後は「メイド・イン・コリア」ではなく「パワード・バイ・コリア」によって、「K‐POP」という生きたパッケージはさらに予想外の仕方で世界を熱くしていくだろう。

おわりに

取材を通して、「そんなに手のうちを見せてもいいんですか?」という感想が自分の中で大きかった。日本からの突然の取材を快く受け入れるだけでなく、話にあがった別の関係者をその場で紹介し、仕事現場や制作プロセスを惜しみなく見せたり語ったりもしてくれた。

最前線で働く彼ら彼女らが、自らの日常や仕事風景をどんどんコンテンツにして発信していたことも驚きだった。音楽プロデューサーのファン・ヒョンさんは、「この後、楽曲制作のハウツー動画の撮影がある」と話していたし、ボーカルトレーナーのキム・ソンウンさんも、アプリ用のボーカルトレーニング動画の撮影をしてきたと話していた。SINXITYさんにいたっては、「今からでも遅くないからユーチューブを始めなさい!」とアドバイスし、同席していた元YGの方は呼応するように自分のユーチューブチャンネルをさっと見せてくれた。

ヘアメイク、振付師、作曲家など、K-POPのクリエイターたちはそうやって、所属に関係なく、普段から自身のＳＮＳで積極的に発信している。それだけ業界全体に自由な雰囲気が流れていて、裏方までもが外への発信に意識を向けているということだ。

日本人の私からすると、自分が築き上げた方法論をいとも簡単にシェアすることに大きな抵抗を感じるのだが、手のうちを見せることで同業者同士で刺激し合い、「未来のフォロワー」を育てているのも事実だろう。今の日本の音楽業界を弟子をとらない寿司職人にたとえるなら、韓国はレシピを共有して次世代ロールを作っている創作料理屋みたいだ。

現地の制作者たちの話を聞いていると、Ｋ‐ＰＯＰの戦略性は実は常に臨機応変に変化してきた結果だったのだと感じる。何かが流行ると全員がその方向に走っていくような韓国の風潮は全肯定できるものではない一方、その根っこには、改善と修正を繰り返して補強していく強さがあるように思う。小さな市場を抜け出して世界に到達したことも、放送局が既得権益を握るなかＳＮＳプロモーションを発達させていったことも、どれも置かれた状況から試行錯誤していった結果だ。

そんなＫ‐ＰＯＰはいまやシーン全体がスキルアップし、今まではコンセプトやストーリーテリングの違いでかろうじて売れてきたのも飽和状態となり、今後は巧みなマーケティングが鍵になっている。２０２１年以降、どんなグループがヒットするのか考えてみれば、これまで凸凹のまま発展してきたＫ‐ＰＯＰの土壌を素早く均していく作業ができるグループ（と所属事務所）なのではないだろうか。

この本はアイドルとファンのあいだにあるK‐POPのシステムが、誰かのビジネスのヒントになればと考えて書いた。エンタメ業界にも大打撃を与えたコロナ禍において、K‐POPは決して失速することはなかった。というより、ウィズ・コロナの社会に適応可能なシステムがすでに準備されていたという印象だ。国外に向けて柔軟に発信できるプラットフォーム、変化に即座に対応できる業界の体制、遠く離れていても疎遠にならないコミュニケーションスタイルの確立、これらは作り手とファンたちがK‐POPをめぐって一歩一歩作り上げてきたものだ。

K‐POPの大きなうねりは世界各地に伝播していて、各国のポップスはいまや溶け合い、国境はますますなくなってきている。日本語で歌っても、英語で歌っても、中国語で歌っても、それは「K‐POP」で、その時々の最善のアイデアを「ビビンパ」のように混ぜ合わせ、互いに競合しながら今後も時代に合わせてK‐POPはアップデートされていく。現時点でのK‐POPの見方として、この本がひとつの指標になるのならうれしい。

最後に、本書に協力してくれた方々に御礼を申し上げたい。取材に応じてくださったSINXITYさん、KYLIE FUKADAさん、ファン・ヒョンさん、G-Highさん、ボムジンさん、イ・ハンギョルさん、キム・ソンウンさん、ジュヒョンさん、GDSTさん、リア・キムさん、パク・ヒアさん、パク・ソヒさん、キム・ナヨンさん、eelicaさん、清水正巳さん、moeさん、そして取材の橋渡しをしてくださった方々、掲載写真を提供してくださった方々、みなさんのおかげで書ききることができました（長かった……）。K‐POPの変化のスピードが速すぎて何度も修正を加えることになり、一冊にまとめるのにものすごく時間がかかってしまったものの、運よくコロナが到来する前に直接会って話を聞けたことの価値を今になって噛みしめています。本の執筆経験もなく何度も挫折しそうになった私の背中を押しながら編集を担当してくださった仁科えいさん、そして、本書に携わってくださったすべての皆様に心から御礼を申し上げます。

이 책을 쓰기위해 협력 해 주신 모든 분들에게 깊은 감사를 드립니다.

田中絵里菜（Erinam）
1989年生まれ。日本でグラフィックデザイナーとして勤務したのち、K-POPのクリエイティブに感銘を受け、2015年に単身渡韓。最低限の日常会話だけ学び、すぐに韓国の雑誌社にてデザイン・編集担当として働き始める。並行して日本と韓国のメディアで、撮影コーディネートや執筆を始める。2020年に帰国してから、現在はフリーランスのデザイナーおよびライターとして活動。過去に『GINZA』『an·an』『Quick Japan』『ユリイカ』『TRANSIT』などで韓国カルチャーについてのコラムを執筆。韓国・日本に留まらず、現代のミレニアルズを惹きつけるクリエイティブやカルチャーについて制作・発信を続けている。Instagram: @i.mannalo.you

K-POPはなぜ世界を熱くするのか

2021年4月1日　初版第1刷発行
2021年4月22日　初版第2刷発行
2022年7月30日　初版第3刷発行

著　者　田中絵里菜　Erinam

装　丁　福岡南央子（woolen）
DTP　濱井信作（compose）
編　集　仁科えい（朝日出版社）

発行者　原 雅久
発行所　株式会社 朝日出版社
〒101-0065 東京都千代田区西神田3-3-5
tel. 03-3263-3321　fax. 03-5226-9599
http://www.asahipress.com/

印刷・製本　図書印刷株式会社

ISBN978-4-255-01212-4 C0036